Dieses Buch widme ich meinen geliebten Kindern Diana, Michael und Martin.

Waltraut Zucker

Oma ist dann mal wech

*Meine Erlebnisse auf
dem Jakobsweg*

Bibliografische Information der Deutschen Nationalbibliothek

Die Deutsche Nationalbibliothek verzeichnet diese Publikation in der deutschen Nationalbibliografie; detaillierte bibliografische Daten sind im Internet über http://dnb.d-nb.de abrufbar

Herstellung und Verlag: Books on Demand GmbH, Norderstedt

Alle Fotos vom Autor privat.

ISBN: 978-3-8370-0999-6

MEIN JAKOBSWEG VON
APRIL - MAI 07
„OMA IST DANN MAL WECH"

Wieder so eine „Eingebung", der ich gefolgt bin. Nun habe ich tatsächlich dieses Buch geschrieben, geplant war es aber nicht! Meine Kinder meinten, dass ich doch etwas mehr von mir schreiben sollte, wer kennt denn schon Waltraut Zucker. Bei Hape Kerkeling weiß ja jeder gleich, wer das ist.

Ich bin seit 13 Jahren geschieden, lebe allein, bin aber nicht einsam, sondern glückliche Mutter von drei Kindern, Diana, Michael und Martin, und auch eine zufriedene Oma mit drei Enkelkindern. Die große Verantwortung für das Großziehen der Kinder ist vorbei.

Ich habe, welch ein Glück, die Fähigkeit, mich meinen gegebenen Lebensumständen anzupassen. Das bedeutet eigentlich nur, sich nie aufzugeben, immer wieder nach Alternativen zu suchen, es finden sich immer welche. So genieße ich immer mehr mein „Alter" und habe mich zu keinem Zeitpunkt besser gefühlt! Es ergeben sich dann Dinge, die ich ausprobieren will und kann – und ich tue es dann einfach.

Während wir alle bei Kaffee und Kuchen sitzen und ich einige Details über meine geplante Reise mit meiner Tochter besprechen will, fragen meine kleinen Enkel, Louis und Alexander: „wohin will Oma ganz alleine laufen"?

Meine Tochter meinte dann genervt: „Oma ist dann auch mal wech!"

Lesen Sie das Buch, dann wissen Sie viel mehr vom Jakobsweg mit seinen Herbergen.

VORBEREITUNG

Anfang Januar habe ich in der Buchhandlung ein bestimmtes Buch gesucht. Der Titel war mir aber entfallen. So suchte die Verkäuferin und kam mit dem Buch von Hape Kerkeling zurück. Nein, das meinte ich nicht, aber …

So habe ich das Buch gelesen und mein inneres Feuer war damit entfacht.
Das würdest du gerne tun! Zufall? Es gibt keine Zufälle, hat mir mal ein Freund gesagt!
Zu meiner Vorbereitung gehörten dann noch drei weitere Bücher:

1. Bettina Selby: „Der Jakobsweg - mit dem Fahrrad nach Santiago de Compostela"
2. Shirley MacLaine: „Der Jakobsweg - eine spirituelle Reise"
3. Ivan Kolman / Jiri Stourac: „Von Prag nach Compostela auf Jakobswegen - Pilgerberichte"

Jetzt kommt die Zeit, zu sich selbst zu finden und über einige Lebensentscheidungen nachzudenken, nach Spanien zu wandern und Land und Leute viel intensiver, ohne Auto im Schnelldurchgang, kennen zu lernen. Als gute Tat will ich auch für zwei mir bekannte kranke Frauen diesen Pilgerweg gehen und ein wenig beten kann ja auch nicht schaden…

Der April ist für dieses Vorhaben die beste Jahreszeit. Nicht verschieben, denn wenn nicht jetzt, wann dann! Wer mich kennt, der weiß, ich bin absolut **k e i n** Rucksackmensch, sondern bewege mich viel lieber auf Hackenschuhen durch die Welt! Eines könnte aber für mich zum Problem werden. Vor vielen Jahren hatte ich eine komplizierte Knöchelfraktur sowie eine Knieoperation. Außerdem bin ich 55 Jahre jung, aber egal, irgendetwas treibt mich.

Einige meiner Freunde haben mit allen Überzeugungskünsten versucht, mich von meinem Vorhaben abzubringen: „Was mir doch da alles passieren könnte!" Andere wiederum bestätigten mich: „Tu es – du schaffst das."

Nun zu den technischen Vorbereitungen. Über das Internet hatte ich mir weitere Informationen eingeholt. Den so genannten Pilgerausweis und die Jakobsmuschel hatte ich mir darüber bestellt. Dieses Dokument sowie der Reiseführer sind sehr wichtig. Die letzten 100 Kilometer vor dem Ziel Santiago de Compostela muss man zu Fuß gehen, um als Pilger anerkannt zu werden. Dieser Nachweis ist nur mit dem Pilgerausweis möglich. Die erforderlichen Bestätigungen gibt es durch amtliche Stempel in den einzelnen Ortschaften, entweder in den Kirchen oder in den Pilgerherbergen.

Mein kleines Abenteuer begann …

1. TAG

VON BERLIN ÜBER PALMA NACH BIL-BAO

Ja, der Anfang war nun gemacht. Bei herrlichem Sonnenschein bin ich mit dem Auto nach Berlin gefahren, weil von dort mein Flieger nach Spanien ging. Mein Bruder Harry und seine Frau Charlotte leben dort. Die beiden haben mich ganz lieb und auch mit ein wenig Sorge verabschiedet. Mein Auto haben sie bei sich auf dem Parkplatz sicher abgestellt.

Am Spätnachmittag bin ich dann in Bilbao, in Spanien, gelandet. Der Himmel war leicht bewölkt.

Da stand ich nun mit meinem sauschweren Rucksack. 11 Kilogramm zeigte die Waage am Flughafen. Mein Gott war der schwer. Der innen liegende Wasserbehälter war noch nicht einmal aufgefüllt, sonst wären es dann 13 Kilogramm!

Nach langen Überlegungen und mit dem Sprachführer in der Hand, fuhr ich dann mit dem Taxi zum Bahnhof. Dieser befand sich direkt in der Innenstadt, ungewöhnlich.

Wieder mit dem Heft in der Hand, fragte ich mich durch. **Burgos**, morgen 9.00 Uhr, drei Stunden, 18,00 Euro, okay, das war schon einmal geklärt.

Jetzt ging die Suche nach einer günstigen Übernachtung **m i t Rucksack** los. Wieder dieses Gestammel, ich hätte doch etwas Spanisch lernen sollen, die Sprach CDs haben nicht viel gebracht! Nach mehr als zwei Stunden Suche, hatte ich ein Zimmer im zweiten Obergeschoss gefunden, zur Straßenseite, ohne Frühstück, aber preisgünstig.

Ich hatte das Gefühl, dass mich alle anstarren. Durch die Befestigung des Rucksacks an zwei Stellen mit Schnallen am Oberkörper, sah meine doch schon recht große Brust noch größer aus oder die dachten: „ist die bekloppt - in dem Alter"!

Nachdem ich meine Sachen ins Zimmer gebracht hatte, bin ich noch einige Tapas (kleine Häppchen) essen gegangen und habe mein Gläschen Rotwein, der sehr vollmundig schmeckte, getrunken. Mann, war ich müde.

Normalerweise hätte ich bei diesen vielen undefinierbaren Geräuschen, wie Presslufthammer (!) u.ä., nicht schlafen können, aber ich habe gut geschlafen, einfach auf die andere Seite gedreht und dann ging es.

2. TAG

VON BILBAO NACH BURGOS MIT DEM ZUG

Ein Glück hatte ich mir gestern noch so etwas Ähnliches wie einen Berliner mitgenommen. Eine Flasche Wasser habe ich ohnehin immer dabei. Nun habe ich auch meine Jakobsmuschel und meinen Pilgerhut am Rucksack befestigt, meine Schuhe, die weichen, knöchelhohen Schnürschuhe angezogen und meine Knöchel– und Kniebandage angelegt.

Diese 13 Kilogramm auf dem Rücken sind wirklich eine schwere Last und das nun ganze drei Wochen lang! Mein rechter Oberarm hat schon einige Blessuren in grün und blau vom Auf- und Absetzen des Rucksacks abbekommen, irgendwie muss ich mir da eine andere Technik angewöhnen.

Die Karte für die Zugfahrt zu kaufen war kein Problem. Während der Zugfahrt fiel mir auf, dass der Sicherheitsdienst oder wie auch immer das hier heißt, sehr aktiv ist. Zwei dieser Sicherheitsleute liefen etwa sechs Mal während der drei Stunden Fahrt durch die einzelnen Waggons. Mein Rucksack konnte man mir nicht eindeutig zuordnen und so musste jeder sein Gepäck zeigen. Das Baskenland ist für gewalttätige Anschläge berüchtigt.

In Burgos gegen Mittag angekommen, war strahlender Sonnenschein. In meinem Reiseführer war ein Stadtplan von Burgos enthalten, so dass ich mich wunderbar orientieren konnte. Hier habe ich mir dann auch meinen Wanderstock ausgesucht – ganz bewusst den Krückstock –

ganz bewusst! Die Kathedrale Santa– Maria war natürlich wie ein Magnet für mich, so gewaltig schön!

Nachmittags bin ich dann zu meiner ersten Herberge am Rande der Stadt in einem Park angekommen. Meinen ersten Stempel! Die Unterkunft war sauber, aber es war ein Schlafsaal mit Doppelstockbetten und 30 Schlafplätzen. Nachdem ich mir ein Bett ausgesucht habe, bin ich nochmals in die Stadt zum bummeln. Nach meiner Rückkehr habe ich dann die ersten Pilger (Perigrinos) kennen gelernt. Da war der schnuckelige junge Mann mit dem etwas längeren blonden Haar. Er erzählte mir, dass er schon seit Januar unterwegs sei. Seit Januar, wer hat denn so viel Urlaub? Dann fiel mir ein, dass es ja in der Realität doch tatsächlich diese Weltenbummler gibt. Dieser junge Mann war es auch, der mir sagte, dass alle, die auf diesem Weg (Camino) sind, sich mit Vornamen ansprechen.
Weiterhin machte er die Bemerkung: „mit diesen Turnschuhen willst du laufen? Wenn es hier regnet, schwimmt Spanien weg, als ich in Pamplona war…"
Pamplona liegt nicht auf meinen geplanten Weg, ich will ja nicht zurückgehen, ich will ja vorwärts gehen!

Ich hatte mir mittlerweile meine einfachen Turnschuhe, die ich mir vor einigen Jahren im ALDI gekauft habe, angezogen. Das waren die einzigen flachen Schuhe, in denen ich gut laufen konnte! Aber eigentlich trage ich, wie schon gesagt, ausschließlich Stöckelschuhe!
Auf einer Bank saß ein quadratischer, großer, tätowierter Italiener, der seine offenen Blasen versorgte.
Solche großflächigen Tätowierungen lösen bei mir immer Vorurteile aus, weil diejenigen tätowierten Personen, die ich kenne, nicht viel vom Arbeiten halten. Diese Gedan-

ken habe ich aber nicht weiter zugelassen. Ich will ja nicht voreingenommen sein.

In der Herberge waren unter Anderem noch fünf Österreicher, davon drei Frauen und zwei Männer, mit denen ich kurz sprach. Mit den anderen Pilgern hatte ich keinen Kontakt.

Im Reiseführer wird beschrieben, dass als Wegweiser gelbe Pfeile oder Jakobsmuscheln auf Straßen, Bäumen, Schildern, Häuser ausgezeichnet sind. Am Abend bin ich dann, nach der Beschreibung, von der Kirche ausgehend, in Richtung Westen gegangen. Die ersten Pfeile habe ich nun ganz bewusst gesehen. Ich war ganz stolz und auch ein wenig aufgeregt.

Für mich war diese erste Nacht sehr, sehr gewöhnungsbedürftig. Da ich alleine lebe, schläft niemand neben mir und die Tatsache, dass eventuell andere durch mein Schnarchen nicht schlafen können, ist auch für mich nicht gerade schlaffördernd. Es fingen einige an, zu schnarchen. Man kann bei diesen vielen Menschen nicht einmal lokalisieren, wer da schnarcht. Ich muss gut geschlafen haben, so fühlte ich mich jedenfalls am nächsten Morgen.

3. TAG (20 km)

VON BURGOS NACH HORNILLOS DEL CAMINO

Gegen 8.00 Uhr sollte man die staatlichen Herbergen verlassen haben, so war ab 6.00 Uhr Bewegung im Schlafsaal. Ein Deutscher, etwa so alt wie ich, der im Doppelstockbett oben schlief, hatte sein Handy als Wecker gestellt, soweit ist das ja auch okay, aber er sprang aus dem Bett wie ein voller Mehlsack und suchte dieses Handy im Rucksack! Ich habe ihn Mister Germany genannt.

Zum Frühstück gab es einen Cappuccino aus dem Automaten und das trockene Brot von gestern. Es sind ganz viele Pilger losgegangen, man ist überhaupt nicht allein. Es gibt eine Menge Fahrradfahrer, vorwiegend aus Italien, Frankreich und Spanien. Die Einheimischen und die Überholenden rufen ständig die netten Worte „Buen Camino", Guten Weg, hinterher. Die ersten 10 Kilometer waren geschafft, es war eine für mich traumhafte Landschaft, diese weite Sicht, diese unendlichen Wiesen und Weizenfelder, diese steinigen Wege. Den Anblick habe ich sehr genossen!

Die erste Rast mit dem zweiten Frühstück war in einem kleinen Örtchen mit einer BAR. Die Bezeichnung „BAR" bedeutet, dass es dort Kaffee, andere Getränke, Brot und einiges mehr gibt. Das Angebot war von BAR zu BAR unterschiedlich. Hier habe ich zum Beispiel Tostatos Baguette (getoastetes Baguette) mit Marmelade gegessen und natürlich meinen Cafe solo (Espresso) getrunken.

Nach einer etwa einstündigen Pause bin ich dann mit einer Deutschen, etwas über 60 Jahre alt, gegangen. Sie erzählte mir dann, warum sie den Camino gehen will, und dann sagte sie mir, was man in der ersten Nacht träumt, das wäre dann die ERLEUCHTUNG.
Ich hatte einen außergewöhnlichen Traum, aber für meine Begriffe sehr wirr! Im Traum waren Bilder von Menschen, die ich kannte und wiederum fremde Menschen. Alle liefen durcheinander und alle liefen ständig Treppen hoch und wieder runter. Da ich ein Diktiergerät mithatte, konnte ich diesen Traum auf Band sprechen.

Nach diesem Gespräch bemerkte ich, dass ich meinen Gehstock an der Bar vergessen hatte, Mist! So bin ich die etwa eineinhalb Kilometer zurückgegangen, es war schon sehr warm! Die letzten fünf Kilometer waren äußerst anstrengend.

In dieser Nacht bin ich wieder in eine Herberge gegangen, diesmal mit acht Doppelstockbetten, zwei Duschen und ein WC für uns alle. Eine Übernachtung kostete vier Euro. Das Duschen und der WC- Gang klappte, trotz der vielen Pilger, reibungslos. Mein Mister Germany schläft schon wieder mit mir im Zimmer, diesmal sogar über mir! Es ist in den Herbergen üblich, dass man seine Wanderschuhe nach draußen stellt bzw. in den Vorflur. Die Schuhe von Mister Germany standen neben meinem Kopfende. Der Platz zwischen den einzelnen Betten ist so gering, dass keine zwei Personen nebeneinander stehen können, so haben wir uns abwechselnd im Wege gestanden!

Dank der Österreicher, mit denen ich an einem Rastplatz gesprochen hatte, wurde mir das letzte Bett in der Herberge reserviert. Nach mir trafen noch einige Radfahrer in der Herberge ein. Alle Betten waren aber schon belegt! Der Senior, also der Herbergsvater, hat sie dann privat im Ort untergebracht. Der Senior dieser Herberge war in diesem Ort auch gleichzeitig der Bürgermeister.

In unserem Schlafraum waren Engländer, Norweger, Franzosen und Deutsche. Einer der Engländer zeigte eine Damenarmbanduhr hoch und fragte nach seiner Besitzerin. Es war meine Uhr! Ich hatte sie tatsächlich verloren und er hat sie gefunden! Sie war mir am Armband abgerissen, es war keine wertvolle Uhr, aber eben eine Uhr.

Gegenüber der Kirche war dann auch gleich die BAR. Man bekommt ganz schnell mit, wo und wann es was zu Essen gibt! Einige BARS oder auch Herbergen boten am Abend ein preisgünstiges Menü an. Abhängig war das immer von den jeweiligen Betreibern der Herbergen. Sie nannten es Menü für Perigrinos (Wanderer). In einem etwas größeren Ort, wie hier in Hornillos de Camino, wurde dieses Menü in der BAR angeboten. Allerdings hatte ich das mit dem Menü für Perigrinos zu diesem Zeitpunkt noch nicht so registriert.

In dieser Herberge waren auch zwei Berlinerinnen, für die das die erste Nacht in einer Herberge war. Sie hatten sich diesen „Ausflug" spontan überlegt. Jedenfalls haben wir zusammen einen netten Abend verbracht. Nach dem Essen schloss der Senior für uns die Kirche auf. Diese war wieder sehr prachtvoll, ich war eine ganze Zeit drin und saß gedankenvoll auf der Kirchenbank.
Der Mister Germany hat wohl eine ganz schwache Blase, er ist dreimal aus dem Doppelstockbett, wie ein Sandsack, gefallen. Da kamen mir doch schon mal Gedanken,

mir das einfach nicht mehr anzutun, mit so vielen Men-schen, das WC, die Duschen und die Nacht, zu teilen. Mein anderes ICH hatte wiederum so viele Argumente, die mich zum Durchhalten, denn auch DAS gehört dazu, überzeugten! Okay, okay, ich nehme es auf mich.

Nachdem ich hörte, dass sowohl mein Nachbar, als auch noch einige andere Männer anfingen zu schnarchen, bin ich eingeschlafen! Ich habe immer noch keine Blasen! Übrigens laufe ich von Anfang an ungeschminkt. Wer mich kennt, glaubt es nicht!

4. TAG (20 km)

VON HORNILLOS DEL CAMINO NACH CASTROJERIZ

Heute früh blieben die Duschen kalt! Die Nummer mit dem Handywecker hat der Mister Germany wieder durchgezogen. Dann haben die beiden Norweger und die beiden Italiener einen Stress veranstaltet, als wenn sie auf der Flucht sind! Während dessen gab uns mein Schlaf-nachbar aus Bayern den Tipp, den Schlafsack einfach in den Beutel zu stopfen, das Falten sei nämlich überflüssig. Unten in der Küche gab es nur Milch und Kakao. Für Verpflegung musste man also selber sorgen. Ein Glück hatte ich noch zwei kleine Muffins dabei.

Ab 8.00 Uhr waren wieder alle auf dem Weg. Morgens ist es noch ganz schön kalt, dementsprechend missge-launt bin ich dann auch losgegangen. Ich gehe am lang-samsten von allen Pilgern.
Mein eigentlicher Ehrgeiz wurde nicht angestachelt, es war mir vollkommen egal, wer mich überholte. Und wenn sie mich dreimal überholten!
Plötzlich war dieser junge Deutsche, der Weltenbummler, neben mir. Ich dachte, dass er schon viel weiter ist. Er erzählte dann, dass er in einer Herberge ohne Strom und mit Plumpsklo geschlafen hätte. Das wäre sein bisher schönstes Erlebnis gewesen – Gitarrenmusik, Lieder sin-gen und Wein trinken. Für uns Reiferen ist das nichts mehr, etwas mehr „Luxus" möchten wir doch schon!

Man geht, bedingt durch den Rucksack, in einer etwas gebeugten Haltung. Ich schaue nicht ständig nach vorne mit hoch erhobenem Haupt, aber diese langen Wege mit den teilweise erheblichen Anstiegen sehe ich schon. Bleibt man dann stehen und blickt zurück, folgt ein großes Staunen, vermischt mit etwas Bewunderung, was für eine Strecke man schon zurückgelegt hat!

Immer wieder geht man durch verfallene, kleine Ortschaften. Die Häuser bestehen aus Naturstein. Für mich, als Baufachfrau, die mit Planungen von Gebäuden ganz gut vertraut ist, sind diese Gebäude sehr interessant. In den bewohnten Häusern sind oftmals die Fenster erneuert worden, Aluminium, da stellen sich meine Nackenhaare auf, es gibt hier wohl kein Planungs- und Denkmalamt! Zweckmäßig sind die Aluminiumfenster aber allemal!

Im Reiseführer wird diese Gegend als monoton und nur für starke Nerven ausgewiesen. Ich empfinde es anders, vielleicht weil gerade hier mein Einstieg ist.

Nach einer Stunde laufen machten sich die menschlichen Bedürfnisse bemerkbar. Nasstücher sollten zu jeder Ausrüstung gehören! Da es schon wieder recht warm war, habe ich auch gleich die kurze, dünnere Hose angezogen.

Gegen Mittag war ich dann nach ganz anstrengenden 10 Kilometern auf steinigen Wegen in dem kleinen Ort Santanas angekommen. Die letzten zwei Kilometer haben viel Kraft gekostet, da es nur bergab auf einem unebenen Weg ging. Bei mir fliegen zwar keine Schmetterlinge, wie bei Hape Kerkeling, aber die Vögel zwitschern derart schön, dass die gute Laune sich doch wieder einstellt.

Eigentlich wollte ich nicht mehr weiterlaufen, da mein Knöchel doch zu schmerzen anfing.

In der Bar angekommen, zeigte ich dem Senior in der Küche, dass ich ein Rührei auf Baguette wollte. Nach zwei weiteren Cafe solo ging es mir schon wesentlich besser.

18

Wir saßen draußen an den Tischen und hatten alle unsere Schuhe ausgezogen und unsere Füße versorgt.

Mit den Österreichern, die auch zu diesem Zeitpunkt dort waren, hatte ich ein ganz nettes Gespräch. Alle fünf waren so etwa in meinem Alter. Ein Ehepaar, zwei einzelne Frauen und ein einzelner Mann. Sie alle sind auch in Österreich befreundet. Jährlich absolvieren sie einzelne Teilabschnitte. In diesem Jahr von Burgos bis Leon. Jeder hat für sich seine Gründe, diesen Camino zu gehen, der eine aus gesundheitlichen Gründen, der andere weil er an einem Wendepunkt in seinem Leben steht. Der einzelne Pilger, Robert, hat mehr oder weniger die Aufgabe, die anderen vier zu betreuen, da er nun einmal auch der Jüngste in dieser Runde ist.

Man versucht, den Rucksack so wenig wie möglich abzunehmen, weil es eine schmerzhafte Tortur ist. An einer baumreichen Straße habe ich mich an einem Baum gelehnt, um den Rücken ein wenig zu entlasten. Die Pilger sah ich alle nur aus der Ferne. Nach etwa zwei Stunden laufen und bei guter Laune, kamen mir Gedanken an einen lieben netten Mann, mit dem es viele außergewöhnliche, romantische Stunden gab. Warum auf einmal die Tränen kullerten, weiß ich auch nicht. Jedenfalls bekam ich, wie auf Bestellung, eine SMS zum Schmunzeln von ihm. Morgens gab es schon eine ganz liebe SMS von meinen befreundeten Frauen und gestern eine von meinen Kindern und von Charlottchen, die Frau von meinem Bruder. Das tut dann richtig gut.

Da ich mittlerweile ausgepowert war, hatte ich mir nochmals den Reiseführer angesehen und wollte in die zweieinhalb Kilometer näher gelegene Herberge. Nachdem ich DIE aber sah, dachte ich, die paar Kilometer bis zur nächsten Herberge schaffst du auch noch! Die Gebäude waren nicht gerade einladend anzusehen. Die Fenster sahen aus wie zugenagelt. Auf dem eingezäunten Grundstück lief ein schwarzer, kläffender Hund den Zaun hoch und runter. Bei meiner fast angeborenen Angst vor Hunden, traf ich voller Überzeugung diese Entscheidung, obwohl mein Wasservorrat zur Neige ging! Das darf mir morgen aber nicht passieren, denn Durst ist bekanntlich schlimmer als Heimweh!

Kurz vor dem Ort machte ein netter Holländer gerade Rast, er bot mir eine seiner Wasserflaschen an. Dieses Angebot nahm ich dankend an. Nach Erreichen des Ortseinganges musste ich feststellen, dass die Herberge am anderen Ende des Ortes liegt. Nochmals einen Kilometer! Ich konnte nicht mehr. Die Hitze machte mir zu schaffen. Hochrot im Gesicht, traf ich endlich auf die ersehnte Herberge. Geschafft! Ein Bett war auch noch frei. Meine Schultern taten heute verdammt weh! Die Herberge hatte 20 Betten, die aber in kleineren Räumen aufgeteilt waren und sich im ersten Obergeschoss befanden. Im Erdgeschoss waren noch ein Schlafraum und das WC mit Dusche. Wieder erst einmal den Stempel eintragen lassen und bezahlen. Ich habe meinen dritten Stempel! Nach dem Duschen habe ich dann die Wäsche gewaschen. Die Wäscheleinen waren alle besetzt. Mit dem Holländer gemeinsam versuchten wir provisorisch meine Schnur an den Fensterläden zu befestigen. Es war zwecklos. Im Erdgeschoss fand ich dann aber einen Wäscheständer. Welch ein Glück! Mit mir im Zimmer schlief der Holländer, ein Historiker, der sein Rentnerdasein ausfüllen wollte. Nebenan hatten sich die beiden Berlinerinnen einquartiert. Im Anschluss an diesen Raum schlief eine Deutsche, etwa gleichaltrig mit mir. Sie hatte ganz schmale Lippen, fast zusammengekniffen. Neben der Küche hatte ich einen Raum entdeckt, in dem sich eine Matratze und ein Stuhl befanden. Da habe ich mich dann einquartiert, um die anderen nicht mit meinem Schnarchen zu stören.

Am Abend trafen wir uns alle wieder in einer BAR und haben unser MENÜ PERIGRINO für 10 Euro eingenommen. Mit in unserer Runde waren der Mann aus Bayern, der Holländer, die fünf Österreicher und fünf weitere Deutsche. Ein Mann und zwei Frauen waren aus Dresden, die Kollegen sind. Ein anderer Deutscher stellte sich als „Vorstandsfahrer" vor. Er fährt seinen Chef mit dem Auto durch die Gegend. Es war eine sehr lustige Gesellschaft. Der Bayer hatte seinen letzten Tag in Spanien und bedauerte dieses einige Male sehr. Er knüpft im nächsten Jahr wieder genau an dieser Stelle an. Die Deutsche mit den zusammengekniffenen Lippen bot mir an, meinen Rucksack mit dem Auto fahren zu lassen, sie hatte das organisiert. Ich habe dankend abgelehnt. Ich will mein Päckchen alleine tragen!
Ich hatte immer noch keine Blasen!
Ich bin ein wenig kirchlich, aber kein Kirchengänger. Dem lieben Gott, oder wie auch immer man den da oben bezeichnen will, sind unsere Herzen wichtig.
Allein der Versuch, den anderen Menschen so zu behandeln, wie man selber auch behandelt werden möchte, würde ihm bestimmt große Freude machen.

So habe ich auf diesem Weg bisher täglich laut das Vater-Unser und Bittgebete für die beiden kranken Frauen gehalten. In den Kirchen zähle ich alle Menschen auf, die ich mag und die er schützen möge. Wenn er mir dann auch noch so ganz nebenbei meine Jugendsünden vergibt, bin ich ihm auch nicht böse!

Das Pilgern bedeutet im übertragenden Sinn, dass man mit den Füßen betet.

5. TAG (20 km)

VON CASTROJERIZ BIS BOADILLA DEL CAMINO

Ich habe gut und fest geschlafen! Gegen 6.00 Uhr bin ich aufgestanden und schnell nach unten in die Dusche und auf das WC gegangen! Ein Mann war auch schon aufgestanden. Mittlerweile klappt auch der Toilettengang-Gang.

Mein Frühstück bestand aus einem Stück Tortilla vom Vorabend und Leitungswasser. Meinen Wasserbeutel habe ich am Brunnen in der Stadt aufgefüllt. Was für ein toller Morgen! Im Hintergrund des Ortes war ein hoher Berg mit einem ungewöhnlich langen, steilen Schlängelweg. Nicht, dass DAS der Weg ist, unser Pilgerweg?! Den steilen Anstieg schaffe ich nie. Es war der Weg! Also in Richtung Berg. Unterwegs traf ich auf zwei junge Mädchen aus Erfurt. Sie sind vor den Schnarchern geflüchtet, oh man, ich schnarche auch!
Ein Flüsschen schlängelte sich durch die Ebene und wir mussten über eine Brücke gehen. Die Frösche waren bei ihren Liebesquaken nicht zu überhören. Ich bin dann einfach stehen geblieben, dieses Naturschauspiel im Ganzen war einmalig schön. Dieser Anblick: der Berg mit dem sich schlängelnden Weg zum Gipfel, der Nebel über den Fluss, am Horizont stieg die Sonne auf. Mann, war das schön!

Für mich noch ganz wichtig - MEIN KNÖCHEL SCHMERZTE NICHT!

Vor mir gingen auch schon einige Pilger. Wir waren alle relativ warm angezogen, aber spätestens nach 20 Minuten hat jeder die Jacke ausgezogen! Es war Anstrengung pur. Alle 30 geschafften Meter musste ich stehen bleiben, weil die Puste weg war, meinen Knöchel merkte ich gar nicht! Nach etwa einer Stunde war ich oben. Drei Italiener waren schon am Gipfel und wir haben uns alle etwas Schokolade geteilt. Diese unbeschreiblichen Glücksgefühle meinerseits habe ich dann erst einmal auf Band gesprochen. Ich hätte singen, tanzen und vielleicht sogar schreien mögen. Ein Sechser im Lotto kann ein derartiges Gefühl bestimmt nicht hervorbringen!

Nach dem Umziehen ging es dann fröhlich weiter, auf steinigen, sehr lang gezogenen Wegen.
Während einer Rast am Feldrand, überholten mich zwei Engländerinnen, glaubte ich zumindest. Bei dieser Stille hörte ich schon aus einiger Entfernung, dass die Frauen sich auf Englisch unterhielten. Auf meiner Höhe angelangt, fragte die Ältere mich in deutscher Sprache, ob sie mich fotografieren solle. Im Gespräch warnte sie mich vor Scharlatanen. Es war aber auch wieder nur eine „gehörte", nicht selbst erlebte Geschichte von Diebstahl der Geldbörse und Handy, die sie erzählte. Ja, ich werde nichts unbeobachtet liegenlassen.

Eigentlich waren es nach meinem Reiseführer 11 Kilometer, aber ich habe gute vier Stunden gebraucht. Kurz vor dem Ziel ging es noch einmal über eine Brücke und vor dieser Brücke hielt sich ein kleiner alter Mann mit Stock auf. Aus der Ferne sah ich, dass er mit den anderen Pilgern sprach und ein Gezerre mit den Armen da war. Nachdem auch ich auf seiner Höhe war, sprach er mich auf Spanisch an und fing an, meine Hand festhalten zu wollen. Er zog mich in Richtung seines Hauses. Im Weitergehen riss ich mich los. Mein vorlaufender Pilger wartete an der Brücke auf mich und schmunzelte. Der nach mir folgende Pilger beschimpfte den alten Mann auf Spanisch.

Endlich, die BAR in Itero de la Vega war erreicht.
Diesmal war es eine Bar mit vielen „Sternen" und es gab Thunfisch, Banane, Müsliriegel und Obst. Hier war wieder ein Stopp mit all denen, die mich überholt haben. Nach dem Essen und der Fußpflege hatte ich meine Schuhe gewechselt, weil ich meinte, eine Blase zu bekommen. Keine fünf Minuten konnte ich mit diesen Schuhen gehen, alles drückte, ich ging wie auf Eiern! Inzwischen hatte ich festgestellt, was man alles überhaupt nicht braucht, diese Schuhe gehörten jetzt auch dazu. Im nächsten Ort mit einer Poststation werde ich ein Päckchen packen und die unnötigen Dinge nach Hause schicken.

Die folgenden neun Kilometer waren für mich wegen der Hitze ziemlich problematisch. Die Österreicher hatten sich inzwischen auch getrennt. Robert, der nicht langsam gehen konnte, ist schon vorgelaufen. Wir haben beide im Schatten eines Baumes eine kleine Ruhepause gemacht. Er hat mich mit seinem Humor einige Male zum Lachen gebracht. Alle „wackeln" so durch die Landschaft war unter Anderem einer seiner Aussprüche!

Dieser zweite Abschnitt nachmittags war teilweise voller turbulenter Gedanken und auch mit einigen Selbstgesprächen angefüllt. Ich bin durch irgendetwas auf diesen Weg gebracht worden und werde den Camino, trotz meiner Defekte in den Gelenken, bewältigen. Ich will es!

Dann kamen mir Gedanken, dass ich ein Buch schreiben will und mir fiel sogar der Titel ein: „OMA IST DANN AUCH MAL WECH". Laut habe ich über mich selber gelacht. Wie immer bei mir, sind die Gedanken drei Schritte im Voraus, denn erst einmal musste ich diese Herausforderung schaffen! Streckenweise ist es mit dem Gang nach Kanossa vergleichbar oder so ähnlich, wenn es bergab geht, mit Splitt und Gestein unter den Füßen, alles tut weh, die Sonne brennt, und du siehst den Weg mit seinen noch so vielen Kilometern, du blickst zurück und bist total überrascht, wie viel du schon geschafft hast.

Robert, der Österreicher, hatte für uns alle die Betten reserviert. In diesem Ort gab es drei Herbergen, ich hatte mir die mit Internetanschluss ausgesucht. Die gesamte Anlage war äußerst gepflegt, eine Gaststätte befand sich mit auf dem Gelände. Es waren ausreichend Wäscheleinen vorhanden. Die Schlafsäle waren mit Doppelstockbetten und nochmals einer eingezogenen Zwischen- decke mit nochmals einigen Schlafplätzen versehen. Die Duschen und Toilettenräume grenzten unmittelbar daran an. Alles war super sauber! Vor den Schlafsälen gab es Vorräume mit einzelnen Sitzgruppen.

Der Senior, ein junger Spanier mit Pferdeschwänzchen, könnte auch gut in Deutschland Unternehmer sein. Er war umsichtig, freundlich und äußerst geschäftstüchtig. Alles wurde zur Zufriedenheit seiner Gäste erledigt. Auf dem Rasen liegend, gab es Erholung pur! Wieder habe ich bei anderen Pilgern einige schlimme Blasen gesehen. Ich habe immer noch keine! Für eine halbe Stunde stand mir das Internet zur Verfügung. Ich habe allen eine kurze E-Mail als Lebenszeichen geschrieben.

Nach dem Duschen verkroch ich mich in meinem Schlafsack. So bekam ich ein Gespräch in englischer Sprache mit. Die gerade angekommenen Engländer hatten einen lustigen Schlagabtausch mit einer jungen Deutschen, die perfekt Englisch sprach. Es war ein kleiner Stab, der sich um sie tummelte. Da alle Türen offen standen, konnte ich eine Kostprobe ihres musikalischen Könnens, während sie duschte, mit anhören. Sie muss Sängerin sein. Ich war begeistert!

Es waren sehr viele junge Leute um die 20 Jahre in dieser Herberge. Junge, temperamentvolle Italienerinnen und Spanierinnen amüsierten sich nach dem Essen mit Witzen und Gesang. Einige männliche, ältere Franzosen, fühlten sich sehr wohl in dieser quirligen Gesellschaft.

Nach einem 5-Gänge Menü Abendessen hatte ich noch ein Gespräch mit den Österreichern. Dabei erwähnte ich, dass ich wohl auf der Couch nächtigen werde, um die vielen Anderen nicht mit meinem Schnarchen zu stören.
Die vielen jungen Leute haben noch einwenig „die Sau raus gelassen", aber es war noch alles im grünen Bereich. Die „ordentlichen Alten" lagen schon um 21.30 Uhr in den Schlafsäcken. In der Nacht hatte ich wieder so einen blöden Traum. Mein Auto war kaputt und meine Kinder liefen ständig die Straße entlang, aber eben alles ohne richtige Zusammenhänge. Ansonsten habe ich ganz gut geschlafen.

Worüber ich mich noch sehr wunderte, meine Sorgen waren weggeblasen. Keine Gedanken an Probleme, nicht der geringfügigste Gedanke! Keine Sehnsucht nach Deutschland, kein Bedauern meiner Entscheidung …

6. TAG (7 km)

VON BOADILLA DEL CAMINO NACH FROMISTA

Mich auf die Couch zurückzuziehen war überhaupt nicht nötig, es gab sogar einige Extremschnarcher unter den Pilgern. Ab 6.30 Uhr war wieder, aber heute fast lautlos, Bewegung im Schlafsaal. Keiner hat das große Licht angemacht, alle haben entweder die Notbeleuchtung, die sich in jedem Raum einer Herberge befindet, oder ihre kleinen Stirnlampen, benutzt.

Beim Wasserbehälter auffüllen in meinem Rucksack, habe ich dumme Kuh die falsche Öffnung benutzt! Ein Glück ist nur wenig nass geworden, da ich es sofort bemerkt habe. Mein Handtuch diente als Wischtuch!

Während des Frühstücks mit den Österreichern erzählte der Ehemann, dass er auf der Couch genächtigt hätte. Alles fing an zu lachen. Dann kam auch die Erklärung: junge Leute, die etwas viel Alkohol getrunken hatten und damit nicht mehr ihre Hormone im Griff hatten, fingen an, sich lieb zu haben und er lag im Bett danebem! Es wurde aber einfach nur belächelt!

Das Frühstück war heute besonders gut. Der Kaffee schmeckte, es gab Toast mit Marmelade und Orangensaft. Nach diesem Frühstück war nach einer Stunde Laufzeit wieder der WC-Gang fällig. Da diesmal viele Pilger in meiner unmittelbaren Nähe waren, wurde es für mich zum Problem. Weil ich den Rucksack schon abgesetzt hatte, kamen viele mit der Frage „Everything okay" auf mich zu. „Si, si" antwortete ich. Diese Hilfsbereitschaft ist wunderbar. Keiner ist alleine, aber ausgerechnet jetzt wollte ich alleine sein!

Danach ging der Weg über einige Kilometer entlang des Canal de Castilla.
Fast drei Kilometer gab es Natur pur: nur Vogelgezwitscher, Frösche quaken, dieses Grün! Mittlerweile stiegen auch die Temperaturen auf 25 Grad an. Am frühen Morgen ist es doch noch recht frisch mit Temperaturen um die acht Grad. Mein Stock ging mit mir genauso fröhlich. Plötzlich doch Schmetterlinge!
Die haben mich den ganzen Weg über begleitet. Wunderschöne Schmetterlinge.

In Fromista gab es nach Angaben des Reiseführers eine (ersehnte) Poststation. Das war auch der Grund, warum ich mir heute lediglich Abschnitt mit den nur sieben Kilometern vornahm. Am Kanalende traf ich mit einem Deutschen zusammen, es gab ein kleines Gespräch. Er hatte im letzten Jahr einige Etappen belegt und vorzeitig die geplante Pilgertour abgebrochen. Die selbst auferlegte Einsamkeit hatte ihn mürbe gemacht, so dass es lange Telefonate mit seiner Frau zu Hause gab. Vielleicht sollte gerade DAS so sein!
Auch ich habe dann kurz mit den Kindern telefoniert, der Traum mit dem kaputten Auto hatte mich doch einwenig unruhig gemacht. Ich wollte nur die Bestätigung, dass es keine Unfälle mit Autos gab. Es war alles in Ordnung.

Fromista war ein kleines Städtchen mit fast 1000 Einwohnern. Die Herberge habe ich ganz schön lange gesucht, ich bin dreimal um die Kirche gelaufen! Ein Schild am Tor: Einlass ab 14.00 Uhr. Fromista hatte noch eine zweite Kirche, die ich dann zielgerichtet aufsuchte.

Ich hatte Glück. Um 12.00 Uhr fand ein Gottesdienst statt. Es muss irgendein Festtag gewesen sein. Die Gemeindemitglieder zogen mit kostümierten Kindern, Musik und Salutschüssen und mit einer Statue um die Kirche. Das war schon alles sehr beeindruckend. Den anschließenden Gottesdienst habe ich im hinteren Teil der Kirche, mit Rucksack, erlebt. Zu meiner Verwunderung war es während des Gottesdienstes ein ständiges Kommen von jungen Menschen, mit vielen Kleinkindern, sogar mit Kinderwagen. In jeder Kirche, selbst in der kleinsten Kirche, die ich bisher gesehen habe, gab es Mikrofone.

Beim weiteren Rundgang durch das kleine Städtchen habe ich die Poststation ausfindig gemacht. Morgen, am Montag um 8.30 Uhr, öffnet sie, dann sind es zweieinhalb Kilogramm weniger auf dem Rücken!

Die Herberge ist wieder eine totale Überraschung: geräumige Schlafräume und zwei Toilettenräume, vier Waschtische und zwei Duschen für uns Frauen ganz allein! Welch ein Luxus! Alles sehr sauber.

In unserem Raum waren sechs Doppelstockbetten. Ja und wer ist da wieder, hinter einer Raumteilwand?! Mein Mister Germany! Na, toll! Allerdings hat er mir ein Kompliment gemacht, hinsichtlich meiner „Behinderung" trotzdem zu laufen. Okay, einmal runterspringen wie ein Mehlsack sei ihm verziehen!

Meinen Rucksack habe ich vollständig ausgepackt und musste feststellen, dass er unten doch etwas feucht von meinem Missgeschick heute Morgen war. Ich konnte ihn aber trocknen. Ja und was musste ich noch feststellen? – Das eine ganze Menge fehlt. Mein schwarzes Top – weg, die Tube mit der Flüssigwäsche – weg, Behälter für Wäscheklammern- weg, Handtuch – weg! Sicher alles ir-

gendwo liegengelassen! Ich bin wütend, traurig, nach-
denklich.

JETZT REICHT ES ABER!!

So, nun habe ich alles sortiert, den Beutel fürs Paket fertig gemacht und den Vorsatz „Sammle dich"! Auch das
hat sicher so seine Bedeutung, nur welche?! Das eine
Handtuch war schon am ersten Tag weg!

Im Hof habe ich kleine Wäsche gemacht, die Seife dort
durfte ich benutzen.
Nun habe ich auch endlich meine Haare gewaschen. Da
ich weder einen Fön, noch Lockenwickler dabei habe, ist
mein Kopf voll mit kleinen dauergewellten Locken. Egal,
die Haare sind jetzt sauber!

Soeben kam auch der tätowierte Italiener an, der schon in
Burgos die vielen Blasen hatte. Er sagte, dass er morgen
zum Doktor gehen werde. Neben mir sitzen zwei junge
Leute, die sich auf Englisch unterhalten, sie ist Italiene-
rin. Ich staune immer wieder über die Perfektion dieser
Zweitsprache bei einigen Pilgern.

Gerade fällt mir wieder ein, das Buch von Hape Kerkeling ist wirklich toll, witzig und ehrlich geschrieben, aber
diese Erfahrungen in den Pilgerherbergen gehören doch
eigentlich auch dazu! Durch sie entsteht erst diese (indi-
rekte) Leidensgemeinschaft. Das ist jedenfalls meine
bisherige Erfahrung. Alles stöhnt, alles humpelt, alles
cremt, alles pflastert. Der Camino wird dadurch erst perfekt!

Es sind wieder die unterschiedlichsten Nationalitäten im Hause, sogar Korea ist anwesend.

Bin am Abend durch das kleine Städtchen spaziert, war eine Kleinigkeit Essen und mein Gläschen Rotwein trinken. Danach ging es zurück in die Herberge. Gegen 21.00 Uhr bin in meinen Schlafsack gekrochen. So nach und nach kamen alle anderen, zwei Frauen und acht Männer in den Schlafraum. Diese Nacht werde ich so schnell nicht vergessen. Träume waren zwar nicht aber …

Mein Mister Germany kam ins Zimmer gestürmt, machte das Licht an, schnaufte, stöhnte, rannte wieder raus, haute die Türen auf und zu. Aber dann endlich schmiss er sich ins Bett! Es roch ganz schön nach Alkohol!

Keine 10 Minuten später kam der kleine, tätowierte Italiener, eindeutig betrunken, ins Zimmer. Er wühlte in seinem Rucksack, rannte wieder raus, ließ die Tür wieder auf, sodass ich aufstand, um sie zuzumachen. Alle anderen Männer hörten mit ihrem monotonen Schnarchen auf. Das WC war unmittelbar neben unserem Schlafraum. Nach einem weiteren „aus dem Zimmer stürzen", hörten wir ihn… Es roch nach Erbrochenem, nach Alkohol und nach Nikotin! Dieser Gestank erfüllte unser ganzes Zimmer. In jeder Herberge herrscht Rauchverbot! Er hätte nur auf den Hof gehen brauchen, aber er konnte ja nicht mehr gehen!

Dieses ganze Spielchen ging etwa fünf Mal. Ich lag in meinem Schlafsack mit geballten Fäusten und wütenden Gedanken. Ich weiß nicht genau, wie lange das zeitlich so ging, aber es kam mir unendlich lange vor! Den Rest der Nacht hörten wir am Fenster laute Musik aus Autos und dazu grölende Menschen!

Gegen 6.30 Uhr schlichen sich die ersten Männer auf ganz leisen Sohlen in den Flur. Es gibt also doch noch rücksichtsvolle Männer! Ich habe mich dann auch ruckizucki fertig gemacht und freute mich auf das schon bezahlte Frühstück. Unten im Frühstücksraum war für jeden eingedeckt: eine leere Tasse, ein kleines Päckchen Tetrapack mit Saft und etwas Kuchenähnliches in Größe einer Milchschnitte. Der Senior war aber noch nicht da!

Das ist nicht wahr! Noch genau vor 24 Stunden hatte ich genau das Gegenteil erlebt!
Ohne Frühstück bin ich dann aus der Herberge, in Richtung Poststation gegangen.

Auf der Straße waren dann noch viele randalierende Jugendliche und es lagen umgekippte Müllcontainer auf der Straße. Es fuhren junge Leute in Autos mit lauter Musik, dieses bumm, bumm…

Fromista - keine guten Erinnerungen!

Wie bereits erwähnt, öffnete die Post erst um 8.30 Uhr.
Die Sachen, die ich im Paket in der Post abschicken wollte, befanden sich in einer Plastiktüte.
Zu mir gesellte sich ein junger Deutscher, der auch etwas abschicken wollte. Die Wartezeit wurde lang. Um 8.45 Uhr sagte dann der Barbesitzer, der nebenan seine BAR öffnete: „No, no. Fiesta". Nein, das kann doch nicht sein! Die Post hatte heute geschlossen, weil es ein Feiertag war!

Was mache ich jetzt mit diesen zweieinhalb Kilogramm in meiner Plastiktüte, die ich ja eigentlich loswerden wollte?! Ich habe dann nochmals sortiert, wovon ich mich denn tatsächlich trennen kann, und habe – ja ich habe – meine weichen knöchelhohen Schuhe, die Thermounterwäsche, das Erste- Hilfe- Set von Tchibo und mein kleines Fernglas in den Container (!) geworfen! Es tat mir wirklich so leid, ich habe alles in Euro umgerechnet. Ein Trost war aber, dass das Paket um die 30 Euro gekostet hätte.

Die restlichen Sachen kamen zurück in den Rucksack. War ich wütend! So bin ich dann auch losgelaufen, im Stechschritt, mein Gehstock hallte mit seiner Metallspitze immer auf den Asphalt. Außerdem hatte ich Kopfweh bekommen.
Gegen 10.30 Uhr war ich dann in einem kleinen Dorf, es schien ausgestorben zu sein. Dann fand ich aber doch noch den „Dorfkonsum" (BAR), in dem drei einheimische Männer tatsächlich schon ihr Schnäpschen tranken! Ich habe meinen Cafe solo getrunken und eine Banane gegessen. Nun hörten auch die Kopfschmerzen auf.
Nach weiteren fünf Kilometern war ich in Villarmentero de Campos. Dieser Weg lief parallel zur Fernverkehrsstraße.

Auf diesem Weg kamen wieder so grundsätzliche Gedanken. Man kann immer zu irgendetwas Parallelen ziehen. Die letzte Nacht hat mich an meine Kindheit erinnert, als ich im Bett so machtlos da lag – und dieser Gestank!

Nach 13 Kilometern zurückgelegter Strecke, die Temperatur hatte wieder ihre 30 Grad erreicht, habe ich mich einfach in den Straßengraben im Schatten eines Baumes auf meinen Rucksack gelegt, den Hut übers Gesicht gezogen, das tat gut! Übrigens den Rucksack merke ich kaum noch.

Der Weg war nicht so überwältigend, es gab einige Stopps in kleinen Ortschaften. Nach 15 zurückgelegten Kilometern war dieses nett anzusehende Örtchen Villalcazar de Sirga mit einem Hospital erreicht.

In der BAR habe ich dann ein Baguette mit Käse gegessen, den Stempel eintragen lassen und auf die Seniore der Herberge gewartet. Sie öffnete erst um 16.00 Uhr. Meine Waden schmerzten ein wenig. Ich fühle mich schon fast wie ein Muskelpaket!

In der BAR hatten mir die Seniores ein komfortables Doppelzimmer angeboten. No, no, ich schlafe in der Herberge. Dann trafen doch noch drei Männer und eine Frau ein. Wir richteten uns dann in der gemütlichen Herberge im großen Schlafraum mit 20 Betten ein. Die Duschen waren gegen ein Entgelt von einem Euro zu benutzen.

Die Seniora der Herberge war gebürtige Mexikanerin. Die andere Frau war Anna. Sie war aus Madrid und etwa Mitte 30. Wir drei haben uns in der Küche in drei Sprachen, eher mit Gebärden, unterhalten. Anna erzählte, dass sie mit dem Italiener zwei Tage gelaufen sei. Er ist kein Pilger, hat kein Bett und läuft den Camino hoch und runter. Das machen schon einige. Anfangs unglaublich für mich! Dann kamen männliche Pilger in die Tür und stellten sich auf Englisch mit Namen vor. Alle waren etwa in meinem Alter. Mit Paolo aus Portugal bin ich die letzten 10 Kilometer gelaufen. Dann waren da noch Robert aus England und Michael aus Australien.

Wieder war die Kirche ein Pracht- und Schmuckstück. In der Kirche habe ich auch einige Kerzen angezündet.

Nach dem Kirchenbesuch bin ich ein Stündchen in meinen Schlafsack gekrochen, das tat wieder sehr gut! Vom Hunger ein wenig geplagt, bin ich dann zur nächsten BAR gegangen und habe einige Tapas gegessen, dazu diese rote würzige Wurst, die vielerorts zu Tostatos gereicht wird. Außerdem gab es natürlich mein Gläschen Rotwein. Wieder an der Herberge angekommen, gegenüber war nochmals eine BAR, sahen mich die anderen vier Pilger.

Ich wurde in der höflichsten „Gentlemen-Art-und-Weise" zum Rotwein eingeladen.

Die Seniora war auch mit in der Runde. So haben wir uns auf Englisch unterhalten. Ich habe allerdings mehr zugehört und verstanden, als gesprochen. Anna und ich hatten beschlossen, dass wir beide in dem zweiten Schlafraum schlafen werden. Die Männer sind noch etwas Essen gegangen. Anna erzählte dann, dass sie im letzten Jahr eine Krebsoperation hatte. Zwei ihrer Brüder sind an Krebs verstorben. Sie läuft für sich! Ihre kleine siebenjährige Tochter ist bei ihrem geschiedenen Mann. Ihre Mutter ist glücklich, dass Anna den Camino geht. Die Hoffnung stirbt eben zuletzt. Nachts ist Anna einige Male aufgestanden, ich nehme an, um eine Zigarette zu rauchen.

Ach ja, hätte ich fast vergessen. Da man sich beim Vornamen nennt und bei meinem Vornamen, Waltraut, ständig Rückfragen kommen, bin ich dazu übergegangen, mich mit meinem Zweitnamen Elisabeth, vorzustellen. Den kann wenigstens jeder aussprechen.

Habe ich diese Nacht gut geschlafen!

7. TAG (7 km)

VON VILLALCAZAR DE SIRGA NACH CARRION

Gegen 7.45 Uhr haben wir uns alle in der BAR zu einem Kaffee getroffen. Anna brauchte nur ihren Kaffee und ihre Zigarette. Davon bin ich zum Glück erlöst.

Ich fühlte mich ausgeschlafen und glücklich. So ging es dann singend von „Hänschen klein" über „Auf du junger Wandersmann" bis nach Carrion. Bis hierhin waren es nur sieben Kilometer. Dieser Weg war analog dem Gestrigen, entlang der Straße, aber durchaus nicht langweilig. Wieder musste ich heute laut lachen. Beim Vater-Unser verdrehte ich eine Satzstelle so, dass herauskam „so wie ich dich liebe"!
Glücklich und zufrieden dort angekommen, habe ich wieder die Poststation ausfindig gemacht und die restlichen Sachen abgeschickt. Ein knappes Kilo für 12 Euro.
Wir wollten alle um 12.00 Uhr mit dem Bus nach Terradillos fahren, da dieser Abschnitt von 17 Kilometern ohne einen Stopp sein würde.

Die ganzen Tage will ich schon von den vielen Störchen und den Storchnestern auf den Kirchspitzen schreiben, die Störche lieben Spanien!
Noch eine Anmerkung: Eigentlich sehe ich ganz anders aus. Diese luftgetrockneten Haare mit der frischen Volumendauerwelle, keinen Lidstrich, mein Outfit! Egal wie ich aussehe, ich bin täglich geduscht und eingecremt. Es muss niemand stinken, auch wenn er in den Herbergen

schläft. Bis auf eine Ausnahme waren die Duschen immer warm.

Im Bus bin ich dann wieder auf die Deutsche aus Burgos getroffen. Sie hat alle laut unterhalten. Ihr Englisch ist aber sehr gut. Nachdem der Busfahrer uns in Terradillos absetzte, überkam uns ein Gefühl von einem Schreck, denn das Dorf war zu 80 Prozent in einem äußerst maroden Zustand. Wir sind alle dreimal um den Ort gekreist, weil wir die Herberge nicht fanden. Dann war da aber eine totale Überraschung– Herberge, first class! Es waren kleine Schlafräume mit fünf Einzelbetten. Die Toiletten und Duschanlagen waren modernisiert. Das Hofgelände war wunderschön, es gab auch einen Internetanschluss. Die Versorgung war bestens. Im Zimmer schlafen wir mit fünf Frauen, zwei dänischen älteren Schwestern, Anna, der lauten Deutschen und meiner Wenigkeit.

Abends gab es wieder dieses wunderbare, schmackhafte Menü. Die Küche war einfach perfekt! An unserem großen, runden Tisch saß auch ein 66-jähriger Österreicher, der seinen Einstieg hier hatte und seine erste Nacht in einer Herberge verbrachte. Meine Güte, der beherrschte vier Sprachen. Seine Tochter hatte vor Jahren eine Arbeit über den Camino geschrieben. Er erzählte dann weiter, dass es auch bei ihm unterschiedliche Gründe waren, diesen Weg zu gehen. Gerade er, der auf Dienstreisen immer auf seine Privatsphäre bedacht war, wollte den Camino mit all seinen „Auflagen" gehen.

Die laute Deutsche demonstrierte schon den ganzen Nachmittag, wie gut sie doch die englische Sprache beherrschte. Sie sprach mit jedem Englisch, laut, auch mit mir! Ich habe sie zweimal ermahnt, mit mir bitte deutsch zu sprechen. Dieses laute, lang gezogene „oh yes", fing an zu Nerven.

Das Internet war heiß begehrt. Auch ich habe wieder Lebenszeichen übermitteln können. Die geben sonst wirklich noch eine Vermisstenanzeige auf!

Wieder einmal muss ich mich bei Hape Kerkeling bedanken. Ohne sein Buch wäre ich gar nicht auf diese Idee gekommen, aber nur mit den Herbergen ist es eine komplette Geschichte, ihm fehlt das Salz in der Suppe!

Man braucht keine große Phantasie, um diesen Weg mit dem Weg des Lebens zu vergleichen.
Der Weg an sich ist das Ziel. Der Mensch kann noch so gut alles planen und durchdenken. Ein spitzer Stein, über den du im nächsten Moment stolperst, kann deinen geplanten Tagesablauf, ja sogar dein ganzes Leben verändern. Wiederum glaube ich nicht an solche spirituellen Dinge, wie sie Shirley McLaine Line im Buch beschrieb. Mein Stock läuft nicht alleine … Aber jeder empfindet das **J E T Z T** anders.
Auf diesem Weg begegnen einem ständig Menschen, die einem sehr sympathisch sind und wiederum einige, die man nicht riechen kann. Egal, ob sympathisch oder nicht, es ist eine ganz große Hilfsbereitschaft unter den Pilgern vorhanden, weil ALLE auf diesem einen Weg sind - ALLE. Es ist vollkommen egal, wie man aussieht, was man trägt, nur zweckmäßig sollte es sein. Alle, aber auch wirklich alle grüßen sich mit einem einfachen „ola".

Übrigens, man weiß morgens nicht, was alles so passiert, aber man weiß, dass man am Abend sowohl ein Dach

40

über dem Kopf, als auch ein Bett zum Schlafen hat. Ein großes Stück Sicherheit.

Geschlafen habe ich sehr gut.

8. TAG (23 km)

TERRADILLOS NACH BERCIANOS DEL VON REAL

Gegen 6.30 Uhr bin ich aufgestanden, mit dem Rucksack habe ich mich dann auf den Flur geschlichen und gepackt. Der angekündigte Regen war auch da. Unser gemeinsames Frühstück war sehr gut, es gab Tostatos mit Marmelade!

Die Regensachen aus dem Rucksack geholt und los ging es. Nach drei Kilometern kam ich durch ein kleines leeres Dorf. Ich habe zwei bewohnte Häuser gesehen .Danach kam drei Kilometer Feldlandschaft, aber irgendetwas flößte mir Angst ein, ich kann es nicht erklären. Nach nochmals zweieinhalb Kilometern gab es dann in San Nicolas del Real Camin in einer BAR einen Stopp mit Kaffee. Es regnete die ganze Zeit. Bis Sahagun waren es nochmals sieben Kilometer. Mein Poncho wurde von anderen Pilgern als äußerst zweckmäßig begutachtet. Nach einer ziemlich langen Suche nach einer BAR in Sahagun, traf ich wieder auf Anna, Michael und Robert in einer endlich gefundenen BAR. Dort haben wir uns alle unsere Ausweise mit einem Stempel versehen lassen. Ich wollte eigentlich in die fünf Kilometer entfernte Herberge, aber Anna meinte, dass jene sehr schlecht sei und man lieber noch einmal 10 Kilometer laufen sollte. Die Entscheidung wollte ich aber erst dann treffen. Irgendwie habe ich sie ohnehin verfehlt und musste quasi weiterlaufen. Der Regen wurde immer stärker. Meine Schuhe waren total nass, nach jeder Fünf- Minuten- Pause hatte ich mächtige Probleme, wieder in Tritt zu kommen. Mein

Gehstock hat sich als sehr hilfreich erwiesen, ich möchte und konnte ihn nicht mehr missen. Den Rucksack habe ich schon gar nicht mehr gemerkt. Mein Knöchel tat verdammt weh! Diese Strecke war mehr als beschwerlich für mich. Länger als eine Stunde bin ich fast blind gelaufen, es war kein Ort zu sehen, keine Kirche, keine Pilger, keine Pfeile, sollte ich vielleicht doch falsch gelaufen sein? Auf jeder Bank habe ich mich dann einige Minuten ausgeruht. Ich kam dann aber ganz schlecht wieder ins Laufen, es muss wie eine humpelnde Ente ausgesehen haben! Doch plötzlich sah ich einige Pilger in der Ferne. Die sehr große Hilfsbereitschaft habe ich auf diesem Weg am eigenen Leibe zu spüren bekommen. Sicherlich, bei diesem Outfit (Krückstock, sitzend, erschöpft und humpelnd) kam von allen die Frage: „alles okay, to help, to help?" „No, no alles okay!", war meine Antwort.

Endlich habe ich den Ort Bercianos erreicht. Der Ort war wieder ganz lang auseinander gezogen. Die angegebene Herberge war genau am anderen Ende. Am Eingang wurde ich empfangen, als wenn ich gleich tot umfallen würde! In der Herberge war es überraschend gemütlich. Von außen sah sie aus wie eine große Scheune. Unten im Erdgeschoss waren zwei Flure und der große Frühstücksraum mit Küche. Über eine sehr große Holztreppe kam man auf den „Heuboden". Dort befanden sich einfache Liegen, auf denen schon viele junge Leute lagen, auch meine Anna! Der Senior hat mich dann, Gott sei Dank, in einem Nebenraum, der mit einem Vorhang getrennt war, gebracht. Diesen Raum hatte ich ganz für mich alleine! Für uns Frauen ein WC und eine Dusche, super. Alles war gefliest.

Erst einmal habe ich wieder das Obligatorische erledigt, wie duschen, Wäsche waschen und Füße pflegen! Um 20.00 Uhr sollte es ein gemeinsames Abendessen geben.

Anna ist dann wohl mit den Männern Rotwein kaufen gegangen. Ich war mit mir beschäftigt. Die nassen Schuhe haben wir mit Zeitungen ausgestopft und in den Vorflur in Regale gestellt. Es war insgesamt eine urgemütliche Atmosphäre. Der Regen war noch intensiver geworden, dass man wirklich keinen Hund vor die Tür jagen wollte!

Die Seniora war eine Italienerin um die 35 Jahre und der Pastor war ein Spanier um die 45 Jahre alt. Plötzlich hörte ich im Schlafsaal laut meinen Namen rufen. Anna hatte wohl nicht nur Wein gekauft, sondern auch getrunken. Sie war mit Michael und Robert vorher in einer BAR. Jedenfalls rief sie laut und suchend: „Elisabeth, Elisabeth, ich will nicht mehr im Regen laufen, ich habe Karten für den Bus, bis Leon, für morgen 9.00 Uhr!" – „Na klar, ich will auch mitfahren"! Sie hat sich dann in den Schlafsack zurückgezogen.

Um 20.00 Uhr saßen 25 hungrige Pilger am Tisch! Nach dem Essen hat sich jeder mit Vornamen und Land vorgestellt. Ich war sehr erstaunt - 10 Nationen: Spanien, Australien, England, Dänemark, Frankreich, Kanada, Korea, USA, Italien und Deutschland. Nach dem Essen sollte jedes Land ein Lied singen. Die jungen Deutschen stimmten dann: Marmor Stein und Eisen bricht, aber Alle haben weltbekannte Lieder gesungen. Der Mann aus Korea, später habe ich erfahren, dass er Priester ist, hat auch ein Lied mit einer sehr schönen Melodie gesungen. Man hätte eine Stecknadel fallen hören können. Michael und Robert waren in sehr guter Stimmung und hatten auch den mitgebrachten Rotwein auf den Tisch gestellt. Einige Male hat Michael „Knöchel" und „wunderbar" gesagt. Gegen 22.00 Uhr war wieder Ruhe in der Herberge.

Ich habe geschlafen, ich habe geschlafen …

9. TAG (9 km)

VON BERCIANOS NACH VIRGEN DEL CAMIN

Wir haben alle gegen 7.15 Uhr gefrühstückt. Baguette mit Marmelade und wohlschmeckenden Kaffee und Milch. Das war wieder ein guter Tagesbeginn.

Anna hat nur ganz kurz mit am Tisch gesessen, dann war sie einfach weg.
Sie gab mir Rätsel auf. Sicherlich hat sie sich ein wenig geschämt, wegen des doch hohen Alkoholspiegels! Sie hatte ja etwas von Bus und 9.00 Uhr gesagt. Na gut, dann suche ich die „Bushaltestelle" eben alleine. Ich bin dann suchend, mit voller Regenkleidung, es regnete wieder, durch das lang gezogene Dorf gegangen, aber ich fand keine Bushaltestelle! Ich hatte im Kopf schon entschieden, die nächsten sechs Kilometer doch zu laufen. Da kamen mir Robert, Michael, Kerstin und die Dänin über den Weg gelaufen. So suchten wir nochmals gemeinsam, durch das Dorf ziehend, den „Busstop", wie Michael sagt. Die beiden Männer sind dann in die BAR und haben einen von den dort schon sitzenden, einheimischen Männern nach der Bushaltestelle gefragt. Wir liefen, nach Michaels Anweisung, über eine Brücke der Autobahn in Richtung der Autobahnzufahrt. Ich glaubte weder an ein Schild der Bushaltestelle und gleich gar nicht an den Bus! Trotzdem trabte ich mit. Ich wurde eines Besseren belehrt, es war tatsächlich an der Autobahnzufahrt ein Schild für die Bushaltestelle! Zu uns gesellten sich dann noch ein kanadisches sowie ein deutsches Ehepaar. So standen wir alle im Regen an der Autobahnzufahrt und

warteten und warteten. Nach etwa 40 Minuten kam tatsächlich der Bus nach Leon! 3,60 Euro! Es war eigentlich unfassbar, denn vor lauter Aufregung habe ich dem Busfahrer gesagt: „solo Santiago! No no, Leon!"

Nach fünf Minuten hielt der Bus aber plötzlich, was denn nun?! Die automatische Verriegelung für das Gepäck, er hatte vergessen, sie zu schließen. Alles war aber noch komplett. An der nächsten Abfahrt fuhr der Bus zur nächsten Herberge und holte noch einige Pilger von einer Bushaltestelle ab.

Wieder waren einige bekannte Gesichter der Pilger an dieser Bushaltestelle, wie meine Miss Englisch – oh nein, oh doch! - die junge, immer lächelnde Schweizerin, und die beiden Berlinerinnen, na das war ja eine Überraschung! Im Gespräch erzählte die eine der Beiden, dass sie in Leon abbrechen werden. Ihre Freundin hatte ganz böse Blasen, die sie sich aufgeschnitten hatte und die letzten Tage ohnehin schon mit der Taxe gefahren ist. Sie selber suche sich eine andere Flugverbindung für den Rückflug aus. So glücklich schienen beide nicht mehr zu sein.

In Leon angekommen, es regnete nicht mehr, musste ich mich erst einmal orientieren. In unserem Stadtplan war dieser Busbahnhof nicht eingetragen.

Von den Männern, Michael und Robert habe ich mich verabschiedet, da die beiden zwei Tage in der Stadt bleiben wollten. Ich wollte noch etwa acht Kilometer weiter laufen, denn es war ja erst gegen Mittag. Die Ausschilderung mit den Pfeilen war sehr, sehr schlecht. Ich hatte das Gefühl im Kreis zu gehen. Einige Male habe ich dann auch gefragt: „Seniore, Camino de Santiago"? Man bekam immer eine wirklich freundliche Antwort.

Plötzlich waren auch wieder die Muscheln auf den Gehwegen zu sehen, allerdings zeigten diese in die entgegengesetzte Richtung!

Nun fing es auch wieder an zu regnen.
Nach fast drei Stunden aus Leon heraus, ging es immer kontinuierlich bergauf. Ich war wieder einmal total geschafft. Beim stehen bleiben und zurückschauen lag Leon in einem Tal und ich wurde innerlich viel ruhiger.
Die Menschen veränderten sich. Aber dieses „Ola" kam mir wieder ständig entgegen und ich selber wurde dann auch wieder freundlicher.
Halt machte ich an einer BAR für einen Cappuccino und den dringenden Toilettengang. Dort fragte ich nach einer Albergue (Herberge). „Si, si", der Senior rannte, mich an der Hand angefasst, auf die Straße und deutete in Richtung geradeaus, dann links und wieder rechts. Okay, das hatte ich verstanden. Nachdem ich in meinem Reiseführer noch einmal las, stellte ich fest, dass ich tatsächlich schon neun Kilometer gelaufen war. Diese Herberge stand aber nicht in diesem Reiseführer. Nachdem ich dort dann auch nach seiner Beschreibung angekommen war, war ich erst einmal sehr erstaunt.

Es war eine umgebaute Schule. Die Schlafräume waren relativ groß, keine schmalen Gänge, also sehr geräumig. Die Nassräume erschienen mir Tanzsaalähnlich, dort waren vier Duschen, fünf Toiletten und fünf Handwaschtische, alles nur für uns Frauen! Und auch ein riesiggroßer Koch- und Aufenthaltsraum mit Fernseher war vorhanden. In dieser Herberge waren vorwiegend französische Pilger eingetroffen.
Kirstin, die Dänin, und ich haben eine gemeinsame Waschmaschine und einen Trockner genutzt. Der Senior

der Herberge ermahnte uns allerdings, dass nur ER die Geräte bediene!
Okay, dann lassen wir ihn eben!

Kirstin und ich sind dann losgegangen, um eine Kleinigkeit in einer BAR zu Essen. Der Senior hatte uns drei Standorte auf einen Lageplan aufgezeichnet.
Alle drei BARS waren total verqualmt und es gab wieder erst um 21.00 Uhr Essen. So sind wir beide dann in einen Supermarkt gegangen und haben uns zwei kleine Pizzas gekauft. Kirsten ist dann noch einmal losgegangen, um sich einem Regenponcho zu kaufen, was allerdings erfolglos verlief. Ich bin dann alleine zurück in die Herberge gegangen, um die Pizzas in die Mikrowelle zu schieben. Wieder kam der Senior und hinderte mich daran. Nur ER dürfe sie bedienen. Ich hätte ihn aber kontrollieren sollen, denn er hatte das Gerät zu hoch und zu lange eingestellt.
Wir waren darüber sehr sauer! Die waren so hart wie Steine und wir konnten sie nur noch in den Abfalleimer werfen! So haben wir beide dann, in unserer Not, alle Reste, die wir noch hatten, gegessen. Am Nebentisch haben zwei Franzosen Makkaroni mit gerieben Käse gekocht - Mann, das roch so gut!

In unserem Schlafraum, in dem es kein Fenster zum öffnen gab, war noch ein Mann aus Mexiko eingetroffen, der gebrochen deutsch sprach. Es war seine erste Nacht in einer Herberge und er schlief oben im Doppelstockbett, was sich aber als nicht ungefährlich erwies. Beim Runterspringen hätte er sich nämlich fast am Bein verletzt!
Nachts bin ich dann von Gekicher wach geworden. Die Franzosen wollen wohl schon losgehen? Aber warum

lachen die immerzu? Ich bin dann mit meinem Rucksack in den Waschraum gegangen und stellte fest, es ist erst 3.00 Uhr in der Früh!

Die Franzosen wollten gar nicht losgehen, sondern sind jetzt erst von einer Zechtour zurück gekommen, angesäuselt! Na, dann bin ich aber noch mal schnell in den Schlafsack zurück gekrochen und wieder fest eingeschlafen!

Ich habe immer noch keine Blasen!

10. TAG (17 km)

VON VIRGEN DEL CAMINO NACH VIL- LARDE DE MAZARIFE

Um 7.30 Uhr war ich wieder startklar für meinen Weg. Mein heutiges Frühstück bestand aus einem Cafe solo und einem Müsliriegel.
Dann kam doch der Mexikaner schon wieder zurück und meinte, dass er ganz vergessen hätte, auf die Toilette zu gehen, daran hätte er gar nicht gedacht, es regnet ja auch!

Heute konnte man laut Reiseführer zwei Wege gehen. Ich hatte mich für die etwas längere Strecke, aber nicht entlang der Straße, sondern die über die Hochebene, entschieden.

Wieder waren letzte Nacht so blöde Träume da. Diesmal war es eine Scheibe, die ich versuchte, einzusetzen. Sie passte aber nicht!

Drei ältere Französinnen gingen vor mir. Die angegebene Gabelung war nicht eindeutig, sodass wir dann etwa 1,5 Kilometer in die falsche Richtung liefen.
Bauarbeiter riefen dann auch schon: no Camino, no Camino!
Na gut, dann eben zurückgehen. Nach dem Überqueren der Autobahnzubringer ging es über Feldwege und teilweise ganz enorme Anstiege. Der Boden war durch den Regen schon mächtig aufgeweicht. Plötzlich sah ich vor mir, etwa 100 m lang, eine total lehmige Moddermasse, mit schon vielen tiefen Spuren. Unter meinen Schuhen war plötzlich eine etwa 10 Zentimeter hohe Modder-

schicht und ich lief wie auf Stelzen. Nach einiger Zeit fiel sie aber dann wieder ab. Anfangs musste ich darüber lachen, weil ich dachte, dass es das einzige Stück war, aber nach dem vierten Mal fing ich an zu heulen, weil es mittlerweile verdammt wehtat.

Die Landschaft in dieser Hochebene war wieder ganz anders als gestern, aber so richtig genießen konnte ich diese Landschaft nicht! Nach neun Kilometer strapaziösen Gehens, mittlerweile hatte ich richtig schlechte Laune bekommen, war endlich die nächste Ortschaft mit einer BAR in Sicht. Eigentlich wollte ich eine etwas längere Pause machen, aber wer war mit einmal hinter mir? Die Deutsche mit den zusammengekniffenen Lippen!

Ist es der Weg oder was ist das mit mir. Ich wollte allein sein, ich wollte mit niemanden reden, oder wollte ich nur mit I H R nicht reden? Ich bin dann mit meinem Baguette mit Käse und meinem Cafe solo nach draußen auf die Bank gegangen. Die Schuhe habe ich ausgezogen und erst einmal mit meinem Messer die Modder beseitigt.
Der Rucksack war heute so schwer, mein Knöchel tut verdammt weh, meine Haare liegen nicht …
Mein Gott, was bin ich heute genervt! Dann kamen auch noch viele Gedanken von verstorbenen, mir in Erinnerung lieben Menschen. Wie komme ich jetzt auf so etwas!?

Aber es regnete nicht.
Nur noch fünf Kilometer, dann kommt der Ort mit drei Herbergen! Diese fünf Kilometer waren voller Schmerzen. Die konnte ich nur noch humpeln. Mein Ziel ist Santiago! Ich will es schaffen!

Das alles hielt mich aber nicht von meinen täglichen Ritualen ab!

Nichts ist langweilig auf diesem Weg, allein die Gedanken halten einen schon ganz schön in Atem! Sie werden so allmählich ein wenig anders und mir wird immer bewusster, wie wichtig dieses J E T Z T ist, es bekommt plötzlich einen ganz anderen Stellenwert!

Im Reiseführer sind die Herbergen ausführlich beschrieben, sie sind auch mit „Sternchen – Muscheln" gekennzeichnet. Ich hatte mir, die vom Namen außergewöhnliche Herberge „Jesus" ausgesucht. Von den Sternchen her waren alle drei gleich. Und Internet hatte sie auch, welches aber, dort angekommen, nicht funktionierte!

Nachdem der Senior mir alle Räumlichkeiten im Hause gezeigt hatte und ich mit meinem ungewöhnlich kleinen Schlafraum, mit N U R zwei Doppelstockbetten, sehr zufrieden war, habe ich die üblichen Dinge wie duschen, Wäsche und Füße behandeln, erledigt. Dann kam ein neuer Pilger in die Tür. Es war ein Franzose, der etwa mit mir gleichaltrig war, aber etwas „kaputt" aussah. Er nahm auch gleich die Gitarre, die in der Küche stand und spielte mir einige Lieder, einschließlich Gesang vor.
Ich habe unbeirrt über meinen Aufzeichnungen gesessen. Irgendwann saß er dann auch neben mir im Sessel, rauchte an seiner Pfeife, die nach verbranntem Papier roch (jedenfalls nicht wie Opas Pfeife!) und wollte mit mir ein Pläuschchen anfangen. Ich aber wollte nicht und stellte mich sprachuntauglich!

Die Seniora des Hauses, die gegenüber auf der anderen Straßenseite wohnte, lief mir dann auch über den Weg. Ich fragte nach einer Friseurin im Ort. Si, si – nach einigem hin und her, habe ich dann verstanden, dass sie mich in einer guten Stunde dorthin fahren würde. So bin ich diese gute Stunde durch den Ort spaziert. Die nächste Herberge war nicht weit entfernt. Dort gab es einen Internetanschluss. Ein kleiner Junge hinter der BAR, gab mir dann die Schlüssel für den „PC – Raum". Das Ding funktionierte aber auch nicht. In der BAR saß ein junger, sympathischer Deutscher mit drei Hunden. Diesen bat ich dann um Hilfe, weil er spanisch sprach. Es stellte sich heraus, dass es gar keine Leitung für das Internet gab. Vom ganz jungen Mann (etwa 11 Jahre) hinter dem Tresen, kam nur ein Achselzucken! Okay, dann geh ich eben wieder.

Die Seniora sah mich den Weg entlangkommen und demonstrierte mir, dass sie mich jetzt zum Friseur fahren werde.

Wieder gab es die Überraschung für das Unerwartete. Nichts mit Abstellkammer und alles veraltet. Eine fesche junge Friseurin führte mich in den Salon. Das war alles beste Ausstattung. Endlich, die Haare waren ordentlich gewaschen, ich fühlte mich auch gleich besser. Auf dem Rückweg bin ich in einen kleinen Supermarkt gegangen und habe mir Nudeln und Riegel gekauft. Ein Menü gab es in meiner Herberge „Jesus", nicht.
In der Herberge angekommen, lag der Franzose im Sessel und schlief. Es war K E I N weiterer Pilger angekommen, das gibt es doch nicht! So und nun wurde mir mulmig zumute. Der Senior schließt am Abend die Herberge zu und geht über die Straße in sein Haus. Ich bin dann mit diesem kaputten Franzosen alleine!

Während ich mir in der Küche die Nudeln kochte, schielte ich ständig aus dem Küchenfenster auf den Innenhof. Er lag immer noch im Sessel und schlief!
Ziemlich früh bin ich in mein Zimmer gegangen. Ein Glück, man konnte dieses Zimmer abschließen! Das tat ich natürlich auch! Mein sonst übliches Nachthemd wurde nicht angezogen. Bin vor Erschöpfung schnell eingeschlafen. Gegen 2.00 Uhr in der früh, wurde ich von Geräuschen im Innenhof wach. Was war das?! Es hörte sich so an, als wenn jemand eine Tür aufdrücken will. Hat der Senior IHN vielleicht eingeschlossen? So angespannt, mit vielen Adrenalin-Ausstößen, lag ich bewegungslos in meinem Bett! Nach etwa 20 Minuten habe ich all meinen Mut zusammengenommen und habe das Licht angemacht und mein Pfefferspray aus dem Rucksack geholt, den Blick immer zum Türdrücker gerichtet! Das Licht blieb natürlich an! So steigerte ich mich noch ein wenig in meiner Angst. Die Gedanken normalisierten sich ganz langsam, ich konnte nichts anderes tun, als den

Morgen abzuwarten. Plötzlich hörte ich einen Schalter und dann war Ruhe! Waren es vielleicht doch die Geräusche der Automaten, die im Innenhof standen? Nein, definitiv nein! Die Angst wich wohl doch und so bin ich mit dem Pfefferspray in der Hand und Blick zum Türdrücker, eingeschlafen!

Nie wieder werde ich in einer Herberge mit nur einer einzigen anderen männlichen Person schlafen!

11. TAG (13 km)

VON VILLAR DE MAZERIFE NACH HOS-PITAL DE ORBIGO

Nach dieser Nacht bin ich gegen 6.30 Uhr wach geworden. Neben meinem Zimmer waren gleich die Toilette und der Waschtisch. Wirklich ganz schnell habe ich das Nötigste getan und den Rucksack nach unten gebracht. Mir fiel dann noch auf, dass zwei Kerzen in der Küche auf dem Fensterbrett brannten!

Bloß weg hier. Mir kam es vor, wie ein Geisterhaus. Ich habe dann den hinteren Ausgang genommen. Draußen war es kalt und regnerisch und mein Knöchel tat unbeschreiblich weh.

Ich meinte, dass entweder die hohe Luftfeuchtigkeit oder insgesamt der Wetterumschwung die Ursache sein konnten. Der Weg füllte sich schnell mit anderen Pilgern. Meinen Poncho musste ich mir schon nach 30 Minuten aus dem Rucksack holen. Wieder einmal war ich seiner Zweckmäßigkeit sehr dankbar.

Den Angaben im Reiseführer nach, waren es neun Kilometer bis zum nächsten Ort. Die Strecke führte anfangs entlang der befestigten Straße. Ich brauchte für dieses Stück gerader Strecke, die doppelte Zeit. Wieder überholten mich alle. So bin ich einem Ehepaar aus dem Erzgebirge begegnet. Sie liefen den zweiten Tag und wollten es heute bis Astorga schaffen. Das waren 30 Kilometer! Nun ja, vielleicht schaffen sie es ja. Meine Deutsche mit den schmalen Lippen, war auch plötzlich neben mir. Sie erzählte, dass in Astorga ihre Tour planmäßig beendet ist.

Für mich war das heutige laufen unheimlich schmerzhaft, mein Knöchel tat so weh! Aua, aua, ich fing an, mit dem lieben Gott laut zu hadern. Er hat mich auf diesen Weg gebracht, warum auch immer, und nun soll er bitte schön zusehen, dass ich einigermaßen schmerzfrei bis nach Santiago de Compostella komme! Falls es eine „Probe" sein soll, werde ich sie bestehen.

Okay, ich weiß es ja, so Gott will. Der Inhalt, dieses oft leichtfertig gesagten Satzes, bekam für mich eine besondere Bedeutung.

Die geplanten neun Kilometer bis zum nächsten Ort, Villavante, kamen mir unendlich lang vor. Es waren die schlimmsten vier Stunden auf dem gesamten Weg für mich. Sollte es wirklich so weitergehen, werde ich aufhören müssen. Die Landschaft konnte ich, wieder einmal gar nicht so richtig genießen. Gedanklich hatte ich beschlossen, mir für die dann folgenden vier Kilometer zum Zielort „Hospital de Orbigo", einen fahrbaren Untersatz zu organisieren.

Die letzten fünf Kilometer waren gerade Feldwege, zum Teil Hohlwege. Kurz vor dem Ort Villavante überholte mich eine Frau aus der Schweiz, mit einem hübschen roten Kopftuch. Der rabenschwarzen Regenwolke konnten wir gerade noch so entkommen. In der BAR in Villavante habe ich es mir ziemlich gemütlich gemacht. Auf einen zweiten Stuhl wurde mein schmerzender Fuß stillgelegt. Sie stellte sich mit Ursula vor und wir hatten ein sehr interessantes Gespräch über Gott und die Welt. Die Chemie zwischen uns stimmte von der ersten Minute an. Irgendetwas nimmt man bei solchen tiefgründigen Gesprächen immer für sich mit auf den Weg. Man war ja anonym.

Genau das war wieder der Camino, diese unerwarteten Begegnungen! Ursula ist vor mir auf die Toilette gegangen, ich hörte nur noch ein „OH"! Danach wusste ich warum, eine Steh–Toilette! Aber nebenan war dann doch noch ein normales WC.

Nach dieser einen Stunde Kaffee- und Esspause, man glaubt es nicht, hatte ich keine Schmerzen im Knöchel! Unfassbar! Die Sonne schien nun auch wieder. Die letzten vier Kilometer bis Hospital de Orbigo schaffte ich spielend. Fast eine Kleinstadt erwartete mich. Diesmal war meine Wahl der Herberge perfekt! Endlich wieder so eine kuschelige Herberge, in der man sich sofort gut aufgehoben fühlt. Der Senior, etwas älter als ich, brachte die Rucksäcke von allen Frauen über eine große Treppe, in den Schlafraum. 40 Schlafplätze zählte diese Herberge. Hier konnte man sich absolut wohl fühlen.

Nach dem Obligatorischen bin ich in einem Restaurant der Stadt ganz toll essen gegangen, da es in dieser Herberge kein Menü gab. Jetzt ging mir es mir wieder richtig gut!

Eine Wetterbesserung war auch angekündigt, bitte, bitte! Dieser Regen drückte doch ein wenig negativ auf die Stimmung. An dieser Stelle sollte ich anmerken, dass ich meinen Rucksack jetzt ganz genau kenne. Nichts, aber auch gar nichts, wird hinter einem anderen Reißverschluss gesteckt. Die Kamera habe ich aber nun auch an einem Platz in der Hose, an die ich, ohne den Rucksack abnehmen zu müssen, rankomme. Allerdings sind meine Ohrringe kaputtgegangen, darüber bin ich schon einwenig traurig.

In der Herberge wieder angekommen, habe ich mich an den funktionsbereiten PC (es gab sogar zwei) gesetzt. Im gemütlichen Innenhof, mit einer Teilüberdachung, traf

ich auf ein Ehepaar aus der Pfalz, die mit ihren Rädern und einem kleinen Anhänger auf diesem Weg sind.
Wieder ganz nette Leute. Der Senior verwöhnte mich mit Tostatos und Wurst, einem Scampi und einem kleinen Schnäpschen. Hatte das etwas zu bedeuten? Etwas später fragte er mich: „solo Seniore"? „No, no Senior". Das lassen wir dann doch lieber!

Den Kamin heizte er an und zog den Wäscheständer mit unserer Wäsche zum Trocknen ans Feuer. Er kümmerte sich wirklich rührend um seine Gäste. Ein Gewitter der mittleren Skala zog über uns weg. Ich habe fest und gut geschlafen!

12. TAG (18 km)

VON HOSPITAL DE ORBOGO NACH ASTORGA

Das war eine stressfreie, für mich fest schlafende Nacht, trotz Gewitter.

Alles lief heute sehr rücksichtsvoll und ruhig ab, keiner hat das große Licht angemacht, alle nutzten ihre Stirnlampen.
Das Frühstück hat der Senior für uns selber zubereitet. Tostatos mit Marmelade wurde mittlerweile zu meinem Lieblingsfrühstück! Der Kaffee schmeckte super! Neben mir saßen zwei Franzosen. Fassungslos sah ich, dass beide alles Essbare in den Kaffee tatschten!

Gegen 8.00 Uhr waren wieder alle startklar. Mir war sogar am frühen Morgen nach Fotos zumute und das deutet auf gute Laune hin! Vor dem Eingang habe ich einen Spanier um Hilfe gebeten, ein Foto von mir zu machen.

Mein Knöchel tat überhaupt nicht weh! UNFASSBAR!
Das sind dann diese täglichen kleinen Wunder. Von Null auf gleich ändert sich immer irgendetwas.

Wieder gab es zwei Möglichkeiten den Weg nach Astorga zu gehen. Über ungefähr sieben Kilometer ging es über Feldwege, Trampelpfade mit geringfügigen Steigungen und durch einige Eichenwälder. Die Variante entlang der Straße nutzten lediglich die Fahrradfahrer.
Es gab keinen Regen!

Der Kuckuck meldete sich ständig, was ich eigentlich schon die ganzen Tage aufschreiben wollte, aber bisher vergessen habe. Mein Portemonnaie habe ich in meiner Outdoorhose so deponiert, dass ich sofort darauf klopfen kann. Mal sehen, vielleicht hilft es ja!

Vor mir sah ich dann auch die Deutschen aus dem Erzgebirge, die doch eigentlich gestern schon in Astorga sein wollten, wer weiß…

Nach zwei Stunden gehen in dieser wechselnden, herrlichen Landschaft kam ich in Sanitbanez an. Es gab wieder eine BAR, und somit einen Cafe solo für mich.

Auf einer Bank träumte ich, friedvoll lächelnd. Ja und wer kommt stürmisch um die Ecke – nein, ja - meine Anna. Über diese Begegnung haben wir beide uns ehrlichen Herzens gefreut. Sie hatte sich aber sehr erkältet. Sie meinte dann, das ist eben der Camino - diese Begegnungen! Ich habe ihr dann demonstriert, dass ich schon einen vollständigen Satz spanisch sprechen kann. Wir sind ein kleines Stück gemeinsam gegangen.

Es ging vorbei an Kuhställen und Baumpflanzungen zum größten Teil auf Trampelpfaden immer mehr bergauf, es wurde steinig. Herrlich war diese Landschaft anzusehen! Die Bewölkung lockerte immer mehr auf und es wurde wieder wärmer. Die klare Sicht war sehr beeindruckend. Ich bin sehr oft stehen geblieben und habe einfach nur geschaut und genossen. In der Ferne konnte man Astorga in einem Tal liegend, sehen.

Fünf Kilometer vor Astorga, in San Justo de la Vega, gönnte ich mir in einer BAR ein Baguette mit Käse und Schinken. Wer kommt da in die Tür? Zwei von den jungen Leuten aus Dresden. Sie hatten sich getrennt, weil die Dritte doch etwas langsamer war. Mit mir gemeinsam könnte keiner laufen, ich gehe nach wie vor sehr langsam.

Vor Astorga ging es noch mal über einige Straßen und dann kam man durch die „Hintertür" nach Astorga , Die erste Herberge war dann die Meine, da ich keine Lust darauf verspürte, noch lange zu suchen .

Eine ganz alte Seniore saß im dunkelblauen Bademantel, Wollstrümpfen und Latschen im Vorflur, das „Gästebuch" vor sich ausgebreitet. Sie zeigte mir alle Räumlichkeiten. Es waren kleine Schlafräume mit drei Doppelstockbetten, alles sauber, aber ziemlich kalt! Im großen Frühstücksraum befand sich ein Fernseher und ein Kamin. Die Seniore wohnte wohl mit in diesem kleinen Häuschen, neben dem Bahnübergang.

Ein Schlafraum war schon mit Spaniern belegt, sodass sie mich in das andere Zimmer brachte. Wieder erst einmal duschen, Füße versorgen und die Wäsche waschen. Danach bin ich in die Stadt gegangen. Diese riesengroßen Kirchen sah man ohnehin schon aus der Ferne. Sie waren wunderschön. Da es mittlerweile anfing zu regnen, verzichtete ich auf den Kirchenbesuch, denn ich hatte meinen Poncho nicht mit.

In einer BAR habe ich die kleinen Tostatos gegessen. Richtiges Essen gab es ja erst wieder um 21.00 Uhr. Irgendwie war ich heute aber durchgefroren.

Wieder in der Herberge angekommen, ziemlich durchnässt, hatte die Seniore den Kamin geheizt. In dem Schlafraum war nun eine Polin aus Krakau namens Isabelle angekommen. Sie war etwa in meinem Alter und heute 30 Kilometer gelaufen, die letzten zwei Stunden bei diesem Regen. Bei der Frage, in welcher Sprache wir uns verständigen könnten, schlug ich Russisch vor. Sie war für einige Sekunden sprachlos und meinte: „Du sein Ostfrau"? „Ja – bin ich"! Immerhin hatte ich neun Jahre Russischunterricht und fünf Jahre Englischunterricht durch gestanden, gar nicht mal mit schlechten Noten. Ein wenig ist davon doch noch in einer Zelle gespeichert, stellte ich fest. Die Vokabeln konnten wir damals im Schlaf!

Isabelle war auch durchgefroren und mummelte sich mit den anderen drei Decken zusätzlich ein. Ich bin noch für ein Stündchen zur Seniore in den Frühstücksraum gegangen. Wir schauten das abendliche Fernsehprogramm. Wieder und wieder gab sie ihre lachenden Kommentare dazu auf Spanisch ab und schaute dabei immer wieder auf mich. „Si, si" habe ich jedes Mal auch mit einem Lächeln geantwortet. Gegen 8.00 Uhr bin ich dann todmüde in meinen Schlafsack gestiegen.
Morgen wollte ich von Astorga nach Sarria mit dem Bus fahren, um in meinem Zeitlimit zu bleiben. Die letzten 100 Kilometer mussten ja definitiv gelaufen werden!
Am nächsten Dienstag in Santiago? So Gott will.

Ich habe immer noch keine Blasen!

13. TAG (5 km)

VON ASTORGA NACH LUGO UND BAR-BADELO

Ich habe tatsächlich fast 10 Stunden tief und fest geschlafen!

Isabelle ist kurz nach 6.00 Uhr aufgestanden und gegen 7.00 Uhr losgegangen. Ich habe dann bei der „Babuschka" (Oma), übrigens ist sie 86 Jahre alt, gefrühstückt. Wieder hatte sie diesen blauen Bademantel an! Der Kamin war schon angeheizt. Es stand eine große Tasse mit heißer Milch, mit Haut, auf dem Tisch (ich mag überhaupt keine Haut, ich muss dann immer würgen!). Meine Frage nach Kaffee beantwortete sie mit einigen barschen spanischen Worten und zeigte auf die Milch. Okay, wenn das Kaffee sein soll. Also die Haut abgemacht, gewürgt, und umgerührt, ja doch, ein wenig Kaffee war da zu sehen. Auf meinem Teller lag auch getoastetes Brot, hand geschnitten, von der Babuschka? Sie pupste ständig. Das Brot habe ich liegen gelassen und nur den in Folie eingewickelten Muffin gegessen.
Gegen 8.00 Uhr bin ich dann auf die Straße gegangen und es fing natürlich prompt an zu regnen! Mann, habe ich mich gequält, mein Poncho über den Rucksack zuziehen.

Im Zentrum der Stadt angekommen, fragte ich einen Lolli- lutschenden Senior, der in einem festen Rondell saß, nach dem Busstop, was er nicht verstand. Aber Busstation verstand er. Beim Antworten nahm er den Lolli nicht aus dem Mund! Nur einige Treppen runter in der Nebenstraße war dann die Busstation.

Nach Sarria? „No, no, no" – aber Lugo – „si, si". Solo Lugo. Aber wo liegt denn überhaupt Lugo? Die Karte erst einmal schnell aus dem Rucksack rausgeholt und aufgeatmet. Wenige Kilometer, etwa 30, war Lugo von Sierra entfernt. Aber es war ganz schön teuer – 11,20 Euro. Es dürfte um die 100 Kilometer sein, dachte ich.

Letzte Nacht hatte ich einen tollen Traum, der gar nicht wirr war, aber der Inhalt dieses Traumes geht nur mich etwas an, also habe ich ihn auf Band gesprochen.

Mir fällt gerade ein, dass ich vorgestern mein Handtuch am Rucksack zum Trocknen festmachte. Beim Duschen fielen doch zwei ZECKEN auf den Boden! Mein Gott, daran habe ich noch gar nicht gedacht! Nun gibt es ja auch keinen, der mich daraufhin absuchen könnte. Das tägliche Duschen soll aber das Problem lösen.

Für ein Stündchen bin ich noch kurz zur Kirche gegangen. Ein deutsches Ehepaar sprach mich an, sie wären die aus Bayern, die die Kirchen untersuchen, ach ja, denen war ich in Villacazar de Sirga, am frühen Morgen begegnet, sie waren gerade beim Frühstück zubereiten und hatten mich dazu eingeladen. Sie fahren jährlich mit ihrem kleinen Reisebus nach Spanien. Keine fünf Minuten später höre ich jemanden „Elisabeth, Elisabeth" rufen. Ursula aus der Schweiz, na das war wieder eine ganz große Freude. Sie war jetzt in „Zivil" ohne Kopftuch unterwegs. Sie wollte sich hier in Astorga noch zwei Tage Aufenthalt gönnen. Der Regen war die Veranlassung dieser Entscheidung. Sie ist eine wirklich angenehme Frau.

Die Busfahrt war dann doch länger, als ich dachte, ca. 160 Kilometer, also doch nicht zu teuer. Die Landschaft unterwegs, war traumhaft schön. Berge, Berge, Berge. Nach einem Stopp fragte ich den Busfahrer, ob wir umsteigen müssen, da kam von hinten im Bus ein junger Mann aus Rostock zu mir. Wir hatten dann ein nettes Gespräch über den Camino. Er wollte am Freitag in Santiago sein. Na gut, er ist sportlich und jung, er wird es schaffen!

Jedenfalls hatten wir in Lugo sofort Busanschluss nach Sarria.

Dort angekommen, mussten wir erst einmal wieder die Orientierung finden. Diesmal bin ich nach Himmelsrichtung gelaufen, weil wir keine Pfeile finden konnten. Einwenig irreführend war die Ausschilderung: Auto–Camino.

Der junge Rostocker und ich sind ein kleines Stück zusammen raus aus der Stadt gegangen. Dann lief er mit großen Schritten schon mal vor.

Mit einmal sah ich einen Stein mit der Muschel darauf, aber der Pfeil zeigte in die andere Richtung – was war denn nun?! Plötzlich hielt eine Seniore mit dem Auto an, und deutete in die andere Richtung - also zurück - ja dann sah ich auch den eigentlichen Pfeil, der aber aus meiner Richtung kommend, nicht zu sehen war. Es ging dann auf einen schmalen Pfad, in den Wald. Über einen Bahndamm ging es dann weiter. Der Weg verlief parallel zu den Bahngleisen. Wieder fing es an zu regnen. Ich konnte gar nicht so schnell meinen Poncho über den Rucksack ziehen, es ist schon fast eine kleine Kunst.

Nun kamen auch noch Hagel und ein starker Wind von vorne dazu! Oh nee. Jetzt war es aber komplett! Diesen

Waldweg musste ich mit 70 %-Steigung gehen! Das war also nun Galicien! Ein toller Empfang!

Ich habe laut gestöhnt und auch geflucht, dann bin ich wieder einfach stehen geblieben, voller Bewunderung für diese außergewöhnliche Natur. Dieser Anblick war gespenstisch, aber wunderschön.

Jetzt waren nur noch Modder und tiefe Pfützen auf dem Feldweg. Meine Schuhe und der untere Teil meiner Hose waren total nass. Die Anstiege hatten es in sich, aber nach einem, immer bergauf gehen, kam ja auch wieder ein gerader Weg. Nach zurückgelegten fünf Kilometern war die ersehnte Herberge endlich vor mir.

Es war gut, dass ich doch noch diese Strecke gegangen bin, denn sie hat mir, trotz der körperlichen Anstrengung, trotz des Regens und dem Wind, gut getan. Schwer erklärbar, aber so war es. Ich fühlte mich glücklich!

In dieser Herberge herrschte Familienbetrieb und ich habe wieder das letzte Bett bekommen. Schmale sechs Campingliegen waren in unserem Raum, einem ausgeräumten Wohnzimmer, aneinandergereiht. In der sich anschließenden Veranda waren nochmals sechs Liegen aufgestellt. Sehr nachteilig war das modernisierte WC, inklusive Dusche und Waschbecken. Es war nur ein Raum für uns alle 12 Personen. Also immerschön der Reihe nach …

Im Erdgeschoss befand sich ein großer Speiseraum, der hatte Gaststättencharakter. Hier trat ich nun wieder auf Pilger, die ich noch nie gesehen habe. Es waren Holländer, Italiener, eine Schweizerin, Franzosen und einige Deutsche in dieser Herberge.

Wieder einmal war es eine Frau, nein ein Mann auch noch, die mir negativ auffielen.

Am Abend gab es in dieser privat geführten Herberge wieder ein Menü. Es war wirklich unterschiedlich, ob christliche, staatliche oder private Herberge, es hing tatsächlich von den Personen, die die Herbergen führten und den Möglichkeiten in den Herbergen ab, ob dieses Menü angeboten wurde. Ich hatte mir angewöhnt, immer etwas Essbares für Notfälle dabeizuhaben. Uns wurde ein perfektes, sehr schmackhaftes Menü serviert.

Zwei junge Mädchen, sie waren total nass, trafen dann noch ein. Da aber alle Betten in unserer Herberge belegt waren, mussten sie allerdings bis zur nächsten Herberge weiterlaufen oder sich ein Privatquartier suchen. Die beiden jungen Frauen sind nach Angaben der anderen Pilger, die sich offensichtlich schon etwas länger kannten, immer erst gegen Mittag losgegangen.

Eine Deutsche, etwa in meinem Alter, hatte sich augenscheinlich mit einem Franzosen zum gemeinsamen gehen zusammen getan. Mir fiel auf, dass sie ihn ständig bevormundete. Aber es gehören ja bekanntlich immer zwei dazu, einer der macht und einer der machen lässt!
Sie sangen dann alle gemeinsam in allen Sprachen das Lied vom Bruder Jakob.
Ich kannte dieses Lied bis dahin wirklich nicht. Die gleichaltrige Deutsche machte dann folgende Bemerkung, wörtlich: „Das kannst du auch nicht kennen, das kennen nur die aus unserer Gesellschaft!" Sie hat es wirklich nicht nett gesagt! Vielleicht war es auch nur ein wenig Eifersucht, denn der Franzose war sehr aufmerksam zu mir und ignorierte sogar eine ihrer lauten Fragen!

So recht wohl fühlte ich mich in dieser Runde nicht. So bin ich auch als Erste in meinen Schlafsack gekrochen. Draußen goss es, wie aus Eimern.

14. TAG (18 km)

VON BARBODELA NACH PORTEMARIN

Widererwarten habe ich gut geschlafen, aber gegen Morgen hatte ich einen Traum, der mich klatschnass aufwachen ließ. Das hat nun doch eindeutig etwas mit spirituellen Dingen zu tun!
Normal ist das jedenfalls nicht. Ich habe von Gernot und seiner Mutter geträumt. Die Geschichte liegt fast 38 Jahre zurück! Weder in den letzten Tagen, Wochen oder Jahren, waren Erinnerungen daran vorhanden, also warum nur um alles in der Welt dieser Traum?!

Irgendwie kann ich den bis hierher zurückgelegten Weg mit meinem Lebensweg vergleichen. Ist dieser Traum nun ein Aufarbeiten, ein Abschluss?
Der Traum hatte mich so aus der Bahn geworfen, dass ich ohne Frühstück gegen 7.30 Uhr voller Gedanken und Selbstgespräche, losgegangen bin.
Noch war es trocken. Dieses Galizien ist so ganz anders, als die Gegend um Leon. Nach eineinhalb Stunden mit tiefsinnigen Gedanken, habe ich eine Kaffeepause gemacht.
Die schmalen Wege waren durch den Regen in der Nacht ganz schön aufgeweicht.

Es ging durch viele idyllische Bergdörfer, die ganz still einfach so dalagen. Hunde lagen auch einfach so mitten auf dem Weg und ignorierten jeden Pilgerer. Die Kühe wurden auf die Weiden gebracht. Es stank teilweise, aber das gehört nun mal mit dazu, wo Kühe sind, ist auch Gestank. Die schmalen Wege wirkten wie durchgepflügt, aber auch mit Kuhsch…, da musste man durch!

Dann ging es wieder schmale Waldwege bergab. Oftmals musste man über große Felsplatten springen. Es waren steinige Wege, aus denen viele Quellen sprudelten. Die kamen überall einfach so raus. Sie faszinierten mich, sie waren glasklar.

An einem tollen Brunnen, eigens für Pilger hergestellt, habe ich meinen Wasserbehälter mit klarem Quellwasser aufgefüllt. Das schmeckte.

Weiter ging es durch Wälder oder über Wege, die links mit einer Mauer eingegrenzt waren.

Jetzt machte sich die Fülle der Pilger und Wanderer bemerkbar. Wie soll denn das erst im Sommer werden?!

Für diese 18 Kilometer habe ich fast acht Stunden benötigt. Es ist ein ganz anderes Laufen, als beispielsweise um Burgos, gar nicht miteinander vergleichbar. Das anstrengende bergauf und bergab ist viel zeitintensiver, aber auch wiederum noch viel schöner.

Wie froh war ich, meinen Knieschoner mitgenommen zu haben, aus jetziger Sicht, egal ob man Probleme mit den Knien hat oder nicht, zwei Knieschoner sollten es schon sein. Meinem Knöchel ging es Bestens, als wenn es nie eine Fraktur gab. Also lag es doch nicht am Wetter. Komisch , komisch …

Nun war auch das Städtchen Portemarin in Sicht, traumhaft schön gelegen in einer totalen Senke und zeitweise wieder einwenig versteckt, umgeben von einem Fluss. Von dieser Etappe habe ich viele Fotos gemacht, weil mich diese Landschaft fasziniert.

Wieder war ein süßer, netter Engländer neben mir, der mit mir gehen wollte!

Ich will aber nicht, wenn jemand auf mich Rücksicht nehmen muss oder ich mich jemanden im Schritttempo anpassen muss. Sind das jetzt die Ergebnisse meines doch schon jahrelangen Single- Daseins, mich nicht mehr anpassen zu wollen und zu können? Nein, nein, wenn dann doch noch jemand für mein Herz, Körper, Geist und Seele auftaucht, werde ich bestimmt auch diese damit verbundene Nähe zulassen. Jedenfalls musste diesmal mein Knöchel für eine Entschuldigung herhalten. Dabei wäre ich schon gerne den Rest des Weges gemeinsam mit ihm gegangen, eine Unterhaltung mit meinen Englischkenntnissen, wäre durchaus möglich gewesen, zumindest verstehe ich mehr, als ich selber sprechen kann.

Ab Mittag setzte der Regen auch wieder ein, das machte aber heute gar nichts- mir ging es prächtig und landschaftlich wurde ich sehr gut entschädigt.
Nun machte sich meine Blase zunehmend bemerkbar. Mein Gott, was mache ich jetzt? Es war kein Nieselregen, sondern voller Landregen. Wenn ich jetzt meinen Poncho abnehme, werde ich und der Rucksack nass und ehe ich den Poncho wieder übergezogen habe, bin ich durchnässt! Dann fiel mir ein, wie Oma im Stall ihr kleines Geschäft verrichtet hat, so halb im Stehen, ja aber ich glaube, sie hatte keine Hosen an, doch sie hatte eine Unterhose an. Also Versuch macht klug. Da kein anderer Pilger in meiner unmittelbaren Nähe war, habe ich es schließlich meiner Oma gleich getan. Und es funktionierte, sogar mit 10 Kilogramm Gepäck auf dem Rücken!
Der Abstieg über eine lang gezogene, befestigte Straße war wieder sehr beschwerlich, aber dann kam die lange Brücke, die uns mit Portemarin verband. Die von mir anvisierte Herberge lag mitten in dieser Kleinstadt und sie war als Großherberge ausgewiesen. Sie war sauber und sehr zweckmäßig.

So, nun musste ich mit 54 Menschen in einem Großraum schlafen! Nebenan war nochmals ein Schlafraum mit 55 Betten. Mittlerweile ist mir aber ziemlich egal, wer neben mir, über mir schläft, wer guckt, oder nicht guckt.

Nach diesen 18 anstrengenden Kilometern mit guten 10 Kilogramm Gewicht auf dem Rücken, über Stock und Stein (im wahrsten Sinne des Wortes!), immer aufpassen, dass man nicht ausrutscht, dolle Steigungen bewältigen, bei Regen und Wind und nur ca. acht Grad Celsius, sind einem solche nebensächlichen Dinge egal, man ist dankbar für ein Bett! Schlafsack raus und 20 Minuten in die Waagerechte! Die körperliche Anstrengung ist enorm!

Nach dem Duschen wurden dann wieder auf dem großen Flur in den Sesseln und Couchen die Blasen verarztet. Meine Güte, da habe ich wieder schlimme, offene Blasen gesehen.

Ich habe immer noch keine Blasen! Dafür bin ich immer dankbarer.

Tagsüber hatte ich nur einen Kaffee, einen Riegel und etwas kleines Kuchenähnliches zu mir genommen. Der Hunger plagte mich schon arg, also jetzt als Erstes eine Gaststätte suchen, die ich auch gleich fand.

Es war gegen 16.00 Uhr und ich habe mir ein Menü erster Sahne mit Rotwein gegönnt. Eigentlich trinke ich vor 20.00 Uhr keinen Rotwein, aber es gibt ja immer diese Ausnahmen. Bei der Bestellung hatte ich bisher auch immer Glück, ohne Ausnahme servierte man mir wohlschmeckenden Fisch.

Nach dem Essen wieder in der Herberge angelangt, treffe ich auf die beiden dänischen Schwestern, zu ihnen hat sich eine andere Deutsche gesellt. Freundlich habe ich das Angebot, ihren bezahlten Trockner für meine Wäsche mit zu nutzen, angenommen.

Neben mir im Schlafsaal schliefen zwei Deutsche, sie haben ganz ausführlich alle im Raum befindlichen Personen analysiert. Sie hatten mich nicht als Deutsche geortet, sondern mich den Franzosen zugeordnet, die rings um mich herum schliefen. Es war sehr interessant, ihre Bemerkungen über alle Anwesenden zu hören. Das fand aber auf hohem Niveau statt, und ließ mich schmunzeln.

15. TAG (17 km)

VON PORTEMARIN NACH LIGONDE

Geschlafen habe ich wunderbar.
Ab 6.30 Uhr fingen die Franzosen und Spanier an auf ganz lustige Art ihre Späßchen zu machen. Somit wurden wir alle auf angenehme Art geweckt.

Zum Frühstück bin ich dann in eine BAR gegangen, die ich gestern mit diesem Angebot ausfindig machte. Diesmal habe ich mir einen Cafe en lecho bestellt, schmeckte mir mittlerweile auch gut und dazu gab es einen Muffin.
Total gut gelaunt ging es dann gegen 7.30 Uhr los. Schon nach 15 Minuten fing es wieder an zu regnen, das machte aber wieder gar nichts! Diesmal habe ich sogar den Poncho problemlos über den Rucksack bekommen.
Fast eineinhalb Stunden ging es durch einen dichten Wald nur bergauf. Portemarin lag ja in einem Tal und da musste man wieder raus. Meine Puste war einige Male weg, das sind dann so die ehemaligen Raucher!

Das schier Unfassbare für mich, meinen Knöchel merke ich überhaupt nicht! Eigentlich ist die Anstrengung für die Gelenke zurzeit wesentlich höher. Die ersten neun Kilometer waren durch die enormen Anstiege ziemlich anstrengend, aber ich war sehr glücklich! Keine Ahnung woher diese Gefühle kommen, sie sind einfach da. Vielleicht sollten einige notorischen Nörgler einfach mal einige Tage diese Strecke laufen. Es gäbe nur noch zufriedene, glückliche, lächelnde Menschen.
Einige Male kamen wir an sehr großen Rinderställen vorbei, das stank furchtbar!

Wieder habe ich mir dieses landschaftlich traumhafte Bild, wie ein Gemälde, eingeprägt.

Von Portemarin an waren sehr viele Pilger auf dem Weg. Bedingt durch die Massenherberge mit 110 Menschen, waren jene fast zur gleichen Zeit wieder auf diesem Weg. So stellte ich mir eine Völkerwanderung vor!

Meine täglichen Rituale habe ich leise gesprochen.

Santiago komme ich immer näher. Es wäre für mich ein wahnsinnig großes Erlebnis, dieses Ziel zu erreichen. Andererseits ist dann auch schon wieder alles vorbei, dieses IN SICH GEHEN, Zwiesprache mit deinem anderen ICH zu halten, auch ein Grund oder DER Grund, warum ich so ganz alleine gehen will.

Manchmal wundert mich das laute Miteinander vor mir und hinter mir, aber jeder hat so seine eigenen Motive, diesen Weg zu gehen. Oma hat immer gesagt: „De leive Gott will von jede Sort Minsch hemm".

Ich will den Tag nicht am Kilometer abreißen, messen.

Ich will gehen – denken – sehen.

Sicher setze auch ich mir Ziele, aber so wie heute, es ging mir blendend und die anvisierte Herberge hatte ohnehin kein Internet, bin ich dann weitergegangen. Es ging mir ja hervorragend! So wurden aus den geplanten 12 Kilometern nun 17 Kilometer.

Ein kleines Stück des Weges bin ich mit einem interessanten Mann aus Bayern gegangen. Mit manchen Menschen kommt man sofort in Kontakt und die Gespräche werden zum Genuss. Er war es auch, der den Satz mit der brennenden Fackel sagte. Meine Fackel wurde durch das

Buch von Hape Kerkeling entfacht und sie brennt momentan lichterloh! Im Gespräch erzählte er unter Anderem, das auch er mit dem lieben Gott gezetert hat und der hat es dann auch prompt hageln lassen!

Heute gibt es wieder viele Gedanken um das J E T Z T!! Die Seele muss das „jetzt alle Dinge genießen, nicht morgen" erleben.

Diesmal war es eine kirchliche Herberge mit 20 Betten, die ich dann doch letztendlich für mich aussuchte. Sie füllte sich allmählich mit vier jungen Koreanerinnen, zwei Schwestern aus Irland, einer älteren Französin und einigen jungen Spanierinnen. Wir waren insgesamt 17 weibliche Wesen.

Gegen 18.00 Uhr kam dann ein junger Spanier in die Tür und alles fing an zu lachen! Er wusste gar nicht warum und wurde sehr verlegen. Er war der einzige männliche Gast in dieser Herberge, aber er ist nicht geflüchtet!

Die Gespräche unter uns wurden auf Englisch gehalten.

Wieder zogen dunkle Gewitterwolken vorbei. So erzählten die Mädchen aus Korea, dass es in Ponferrada Minusgrade gab und keine Decken in der Herberge vorhanden waren.In dieser Herberge war es sehr warm und die Duschen waren sogar mit kleinen Sitzen ausgestattet.

Am Abend bin ich mit den beiden Schwestern aus Irland in die nahe gelegene Gaststätte zum Abendessen gegangen. Wieder gab es ein Menü. Die fast zufällige Auswahl meines Menüs war wieder perfekt. Das dazugereichte Brot durfte auch schon nicht mehr fehlen, woran man sich doch in so kurzer Zeit gewöhnen kann! Gegen 9.00 Uhr waren wir vor dem großen Schauer zurück in der Herberge.

Zwischen dem Schlafraum und der Küche war die Trennwand   oberhalb offen, sodass man jedes Wort hören konnte. Die lieben Girls waren gar nicht leise! Sie hatten sich selbst etwas zubereitet, kicherten und gackerten ziemlich lange. Ich bin dann aber doch schnell eingeschlafen.

16. TAG (15 km)

VON LIGONDE NACH CASANOVA

Wieder habe ich ganz gut geschlafen. Die Französin kochte sich um 6.30 Uhr (!) etwas in der Küche, so dass ich eher von dem Geruch als von Geräuschen, geweckt wurde. Ich bin dann gegen 7.00 Uhr aufgestanden. Die Girls schliefen alle noch fest.
Ohne Frühstück bin ich dann losgegangen, aber gar nicht maulig.

Es war noch niemand unterwegs und das sollte auch den ganzen Tag über so bleiben.

Ja und dann ist etwas ganz Merkwürdiges passiert, was ich an dieser Stelle aber doch lieber für mich behalten möchte …

So allmählich machte sich jetzt auch der Hunger bemerkbar und ich stellte mir ein getoastetes Baguette mit Marmelade vor. Na und was sehe ich am Straßenrand? Ein kleines Häuschen mit zwei Rucksäcken davor. Fragen kann man ja mal, dachte ich und habe meine Tostatos mit Marmelade bekommen, diesmal aber heißen Kakao dazu.
Zwei junge Schweizer waren im Aufbruch, aber für ein kleines Schwätzchen war noch Zeit. Er erzählte, dass er diesen Weg nun schon zum dritten Mal geht und dass es für ihn immer unfassbar ist, dass man in Santiago bei der Kathedrale auf ganz viele Pilger trifft, die einem in der Zeit des Pilgerns über den Weg gelaufen sind. Die Statistiker würden die Wahrscheinlichkeit eines Wideraufein-

andertreffens als sehr gering, oder gleich null einschätzen. Na dann schauen wir mal.

Mir schien wieder, Spanien schläft. Mir schien, alle anderen Pilger wurden weggeschickt! Landschaftlich war es wieder sehr beeindruckend, es ging durch viele Wälder, einige schmale Pfade, ein wenig entlang der Fernverkehrstraße, ein wenig durch Dörfer. Jetzt findet man auch einige sehr schöne Häuschen, aber sie sind auch mit Mauern und Zäunen ab– und eingegrenzt.

Nachdem ich etwa zwei Stunden durch diese herrliche Landschaft gegangen bin, sah ich ein sehr ansprechendes Hotel bzw. Restaurant und habe dann die Gunst der Stunde genutzt, meinen noch fehlenden Kaffee zu trinken. Beim Gang zur Toilette im Kellergeschoss stellte ich fest, dass es einen PC-Raum mit sechs Anschlüssen gab. Gegen Gebühr waren sie für jeden zugänglich. Da ich heute ohnehin meine Kilometer minimieren wollte, nutzte ich das Internet ausgiebig. Einige ausführliche Lageberichte waren ohnehin fällig. Im nächsten Ort bin ich irgendwie wieder in die Kirche gelangt. Der Pfarrer oder wer auch immer das war, wollte mir unbedingt einen Stempel geben. Na gut, den Rucksack runter genommen, Ausweis rausgeholt und den Stempel in meinen Pilgerausweis eintragen lassen. In dieser Kirche habe ich viele Lichter angezündet. Eine Apotheke war auch auf der anderen Straßenseite und so konnte ich mir den Gelstift und die Creme für die Füße kaufen, denn mein Stift ging zur Neige. Im Supermarkt habe ich mich dann noch mit Baguettebrot und Riegel versorgt. Weiterlaufend traf ich auf die beiden Schwestern aus Irland. Der Weg führte zum größten Teil durch Mischwälder, Kiefernwälder und viele Hohlwege. Am Nachmittag kam ich in ein kleines Dörfchen mit einer Herberge. Sie konnte, laut Reiseführer zwar drei Muscheln vorweisen, aber nein, neben dem Misthaufen wollte ich dann doch nicht bleiben. In der Herberge gab es ein Treffen und Foto mit den Girls aus Korea.

Danach bin ich noch einige Kilometer, vorwiegend über Feldwege, gelaufen. Diese Herberge hatte ich mir ja auch eigentlich im Reiseführer ausgesucht.
Wieder war es eine Privatherberge mit einer netten Seniora. Die Schlafräume waren großzügig, aber kalt. Die Grundmauern waren mit Felssteinen gemauert und oberhalb war alles mit Holz verkleidet. Es kam aber kaum Licht herein. Alles Andere war aber okay.

Im Haus waren eine junge Engländerin, eine ältere Norwegerin, vier spanische Wanderer und vier spanische Fahrradfahrer.

Die Seniora hat mir eine Waschmaschine gegen Entgelt, fertig gemacht. Um 8.00 Uhr gab es wieder für uns alle ein Menü. Es war eine ganz lustige Runde. Gegen 9.30 Uhr waren alle in ihren Schlafsäcken.

17. TAG (11 km)

VON CASANOVA NACH MELIDE

Gegen 6..30 Uhr haben sich die Spanier und die Engländerin ganz leise raus geschlichen. Kurz nach 7.00 Uhr haben wir alle ein Super-Frühstück serviert bekommen. Eine große Tasse Kaffee, Kuchen, getoastetes Baguette mit Marmelade, Banane, Apfelsinen! Welch ein Frühstück!
Kurz vor 8.00 Uhr war gemeinsamer Aufbruch. Spanien schläft. Mann, war das schön!

Es ging teilweise durch Gespensterwälder. Ich kam mir vor wie im Märchen. Die sehr hohen Bäume sind mit Schlingpflanzen eingefasst. Das Aussehen wirkt komisch und gleichzeitig so, als wenn entweder gleich die Hexe erscheint oder die Märchenfee. Beides ist bei diesem Anblick möglich. Es ging durch viele kleine, einsame Dörfer. Über viele Kilometer ging es nur bergauf und dann wieder bergab. Die Zwiegespräche und die alltäglichen Rituale waren jetzt sogar ein MUSS.
Mein Ziel für heute war Melide, eine Kleinstadt in nur 11 Kilometern Entfernung. Nach Melide war die nächste Herberge noch mehr als 10 Kilometer entfernt. Außerdem gab es in dieser Kleinstadt einen Friseur. Da wollte ich heute hin. Die letzte Haarwäsche lag genau eine Woche zurück.
Die Sonne schien, die Sonne schien, kein Regen! Zu diesem Zeitpunkt bin ich dann tatsächlich schon 213 Kilometer zu Fuß gegangen. Kurz vor Melide lief mir Astrid aus Köln über den Weg. Ein kleines Stück liefen wir gemeinsam. Sie hatte sich so böse Blasen geholt, dass sie damit zum Doktor gegangen ist. Das Resultat war

dann, dass sie sich neue teure Schuhe kaufen musste. Auf Anraten des Arztes sollten jene etwa eine Nummer größer gekauft werden, damit die Füße „Platz" haben. Vielleicht war das das Geheimnis meiner nichtvorhandenen Blasen. Meine Turnschuhe saßen auch etwas großzügiger und durch das weiche, atmungsaktive Obermaterial konnte sich mein Fuß ausdehnen. Wer weiß, wer weiß?

Astrid wollte nach Erreichen von Santiago de Compostella noch weiter bis ans „Ende der Welt", nach Finessterre gehen. Alte Legenden belegen diese Aussage. Der Sonnenuntergang dort am Ozean soll unvergesslich schön sein.

Außerdem soll man dort etwas ganz Persönliches, wie zum Beispiel ein Kleidungsstück, verbrennen. Das soll Glück bringen. Die Zeit bleibt mir leider nicht mehr, um dieses Erlebnis zu haben. Sicher habe ich trotzdem Glück. Astrid und ich haben uns dann noch gegenseitig an einer Pilgerstatue fotografiert.

In Melide angekommen, war ich erst einmal sehr gut Essen und natürlich habe ich einen Friseur gefunden. Diesmal war es sogar ein männlicher Friseur, der wirklich viel Geschick hatte - so mit der Hand die Haare „durchwühlen" nein, in Form bringen. Das Resultat gefiel mir jedenfalls sehr gut.

So, nun musste ich erst einmal die Herberge suchen. Es gab, gemäß dem Reiseführer, nur diese einzige Großherberge in Melide, aber das wusste ich ja vorher.

Mein Gott, war das in dieser Herberge unpersönlich! Die Seniora im Eingang, hinter ihrem Schreibtisch, hat dann auch die „Spende" entgegengenommen und den Stempel eingetragen. Sie zeigte mir dann, mit dem Finger deutend in Richtung Tür, den Schlafsaal.

Alle unteren Doppelstockbetten waren belegt! Da half auch kein nochmaliges Durchgehen – es waren definitiv A L L E unten besetzt. So habe ich meinen Schlafsack erst einmal auf ein freies, oberes Bett gelegt. Wie sollte ich da mit meinen lädierten Knien heraufkommen?! Nachdem ich dann auch noch auf dem WC war, bekam ich Kratzattacken!

So bin ich dann wieder zielgerichtet in die Kirche gegangen. Ganz, ganz lange habe ich mich hier aufgehalten. So was von einem prunkvollen Altar gab es nicht alle Tage zu sehen!

Ich könnte schon wieder ins Schwärmen geraten. In einem der beiden Nebenräume habe ich eine große Kerze angezündet. Wieder war die Statue, mit Maria und dem Kind auf dem Arm, sehr beeindruckend. Der Ausdruck ihres Gesichtes mit diesem lächelnden Mund verbarg so viele Geheimnisse. Warum auch immer, meine Emotionen gerieten einwenig durcheinander.

Diese Stunde fällt wieder in die Rubrik „Privat"!

Wieder auf der Straße angelangt, traf ich auf die beiden Schwestern aus Irland, die mir von einem preisgünstigen Hotel erzählten. Warum auch nicht - dann ist heute eben zweimal Sonntag für mich – Friseur und Hotel! Einmal nur! Ein preisgünstiges Zimmer war auch noch frei! O-kay, ich tue es!

Nachdem ich wieder in der Herberge zurück war um meine Sachen zu holen, waren jetzt alle Betten belegt. Eine ältere Deutsche hörte sich gerade die Krimigeschichte eines Busstopps von einer jungen Deutschen an. Mein Stock stand nicht mehr an der Stelle, wo ich meinte, ihn hingestellt zu haben. Also erst einmal Panik - mein Stock ist weg! Irgendjemand hatte ihn in eine andere Ecke gestellt. Schnell habe ich den Rucksack gepackt und nichts wie raus hier.

Das ist die Gefahr bei den Massenherbergen, dass die Sauberkeit leidet. Obwohl, nein, in Portemarin war es ja auch anders – dort waren saubere Toiletten und Duschräume.

Nachdem ich in das Hotel gewechselt war, fühlte ich mich wie ein König in Frankreich. Ich hatte ein großes, frisch bezogenes Bett, eine eigene Toilette und eine eigene Dusche!! Das Duschen und eincremen habe ich sehr genossen!

So und nun ging ich einwenig bummeln. In der Drogerie habe ich mir eine Papierfeile kaufen können, denn meine Fingernägel mussten dringend gekürzt werden und meine Tempotaschentücher waren bei meinem Malheur mit dem daneben gießen ja auch alle nass geworden.

Eine Wetterbesserung war in vollem Gange und mittlerweile waren es schon 12 Grad, aber es war immer noch sehr windig.

Gemeinsam mit einem jungen Deutschen, der mit dem Fahrrad unterwegs war, habe ich das preisgünstige und leckere Menü zu mir genommen.

Er gehörte zu den doch recht vielen Pilgern, die schon in St. Jean Pied de Port gestartet waren. Im Gespräch erfuhr ich dann neue Details über den Weg, speziell zu dem Abschnitt um Santa Cruze. Dieser Abschnitt ist selbst für den sportlich trainierten jungen Körper eine Höchstleistung, jedoch auch eine sehr emotionale Erfahrung. Ein wenig bedauerte ich, diesen Abschnitt nicht gegangen zu sein, oder besser – zu können. Immer schön realistisch bleiben, Frau Zucker! Die Radfahrer haben sich Zeitungen vor die Brust befestigt, um vor dem eiskalten Fahrwind etwas geschützter zu sein. Selbst er sprach auch von den wundervollen Momenten, egal welcher Art. Man steht da, vergießt Tränen und findet gar keine so richtige Erklärung dafür.

Morgen sind es nur noch 50 Kilometer, laut Reiseführer, bis Santiago de Compostella!

18. TAG (15 km)

VON MELIDE NACH ARZUA

Geschlafen habe ich, wider erwarten, gar nicht so gut. Viele andere Geräusche waren auf dem Flur. Gegen 7.00 Uhr bin ich dann aufgestanden und habe sehr gut gefrühstückt, ausnahmsweise gab es Croissant mit Marmelade, dazu Kaffee und Apfelsinensaft. Dann habe ich die Wasserflasche aufgefüllt und los ging es.

Meine Füße merkte ich heute überhaupt nicht. So müssen sich Engel fühlen, wenn sie schweben. Wenn das kein Wunder ist …

Aus der Massenherberge kamen nun auch **ALLE** (130 Pilger), so war in der ersten Stunde der Weg ziemlich voll. Eine französische, kleine Mädchengruppe zog tatsächlich singend an mir vorbei. Wundervoll!
Die Landschaft bestand jetzt mehr und mehr aus wohlriechenden Eukalyptusbäumen, das roch vielleicht gut! Wir mussten dann ein Flüsschen auf großen Steinplatten überqueren. Hier war aufpassen angesagt! Hinter mir waren einige Fahrradfahrer und plötzlich war da ein Geschrei hinter mir. Ein Mädchen mit einem Fahrrad, ist mit ihrem Hinterrad am Ende der Überquerung abgerutscht. Ein Glück wurde der Rucksack vom Nachfolger vor dem Wasser gerettet!

So allmählich war ich wieder fast alleine auf dem Weg. Nur noch vereinzelte Pilger überholten mich. Die Sonne nahm auch an Kraft immer mehr zu. Meine Gedanken machten wieder Purzelbäume. Ich komme immer mehr zu der Überzeugung, meinen Lebensweg bisher noch einmal gegangen zu sein.

Meine Gedanken sind so positiv und im Einklang mit Gott und der ganzen Welt, dass ich nicht vermag, dieses Glücksgefühl zu beschreiben.
Ich finde auch immer mehr „Erklärungen" für einige Dinge und Zusammenhänge, die mein Leben betrafen. Zum Beispiel sage ich oftmals einige Sätze, so halb im Spaß, aber doch auch mit ganz viel Ernst, deren Inhalt und Ausmaß mir erst viel später richtig bewusst werden. Vor fast zwei Jahren kam aus meinem Mund:„Ja, wenn ich das alles mit dem riesigen Grundstück nicht mehr schaffe, dann verkaufe ich eben das Haus und baue ein neues Haus auf einem kleineren Grundstück!" Ich tat es – so traurig und schwierig es auch war, es war eine meiner besten Entscheidungen! Wir müssen uns den Umständen anpassen, nicht umgekehrt. Es wird eine Tür geschlossen, um eine noch viel größere Tür zu öffnen, davon lasse ich mich auch nicht abbringen! So wie nun auch das von mir im Spaß Gesagte, dass ich ein Buch über diesen Weg schreibe will, tue ich jetzt gerade!
Bisher war alles richtig und gut in meinem Leben, auch wenn es immer einen ganz anderen Anschein hatte. Wenn ich nicht diese tränenreiche, Angst- einflößende, gewaltvolle Kindheit gehabt hätte – einmal durch die Hölle und zurück – hätte sich meine Oma meiner sicher nicht so intensiv angenommen. Sie hat mir menschliche Wärme, Liebe, Ehrlichkeit, Gutmütigkeit und auch sehr viele Lebensweisheiten aus ihrem eigenen Leben mit auf meinen Lebensweg gegeben. Sie war ein Christ mit eigenen Regeln. Ohne viel Trara lebte sie mir ihr Leben ohne Neid und Hass vor. So kann ich noch unzählige Beispiele davon aufzählen, was anfangs erst negativ für mich aus-

sah und sich dann aber doch zum Positiven gewandelt hat. Abschließend zu diesem Thema sei noch gesagt, dass ich dankbar bin, meine Oma die letzten Jahre gepflegt haben zu dürfen.

Die körperliche Anstrengung war heute wieder extrem, na und?! Diese 15 Kilometer sind in der Bewertung ganz anders einzustufen als gelaufene 20 Kilometer um Burgos! Die Steigungen waren wieder enorm, aber die dadurch erlangten Aussichten auch eine tolle Entschädigung.

Die von mir ausgesuchte Herberge in Arzua, wieder eine Kleinstadt, war am anderen Ende. Sie gehörte eher zu den „kuscheligen" Herbergen. Es waren große Schlafsäle, aber alles sauber. Für fast ein Stündchen habe ich mich erst einmal wieder in den Schlafsack verkrochen. Das tat gut. Nach dem Duschen, Füße und Wäsche waschen, bin ich in ein Restaurant gegangen und habe toll gespeist. Wieder hatte ich mir Fisch ausgesucht, ohne es genau zu wissen.

Irgendwie gelange ich immer in eine Kirche. Diese Kirche ähnelte der in Melide sehr.

In Arzua gibt es sehr viele BARS. Ständig will ich davon schreiben, dass alle Besucher einer dieser BARS, die um den Tresen auf Barhockern sitzen, alles, wirklich alles, einfach fallen lassen, auch Zigarettenkippen! Bisher war es in jeder BAR so.

Es hat für mich den Anschein, dass die Pilger dazu übergegangen sind, sich selbst zu versorgen. Man hat sich jetzt an diesen Rhythmus und die Möglichkeiten des Einkaufens gewöhnt.

Auf dem Innenhof haben die ältere Deutsche, der ich in der Herberge in Melide begegnet bin, ein junger Mann aus Bayern, sowie noch zwei andere etwa gleichaltrige Deutschen ein langes Gespräch über den Camino im Allgemeinen und im Speziellen gehabt. Auch Hape Kerkeling war ein Thema. Übereinstimmend sind wir der Meinung, dass ihm tatsächlich das Salz in der Suppe fehlt. Auch wir müssen uns überwinden, wer hat es schon gern, ein WC mit 20 Personen zu teilen! Okay, die Suppe hat er aber Bestens gekocht.

Jeder lebt und jeder geht nun einmal so, wie er es für richtig hält, also bitteschön tolerant sein gegenüber jedermann.

Eine junge Koreanerin, die ziemlich schlimm humpelte, hat sich der älteren Deutschen angeschlossen. Sie läuft auch schon seit Saint-Jean-Pied-de-Port und bekommt nun kurz vor dem Ziel schmerzhafte Probleme mit ihrem Knie. Ein Stück ist sie heute vor mir gegangen, es tat mir schon beim zusehen weh!

19. TAG (20 km)

VON ARZUA NACH SANTA IRENA

Ich bin sofort eingeschlafen. Kurz nach 6.00 Uhr standen schon die ersten Pilger auf. Ich hatte sehr gut ausgeschlafen, so fühlte ich mich. Eine Treppe tiefer waren die Toiletten und Duschen, sowie der Essraum.

Draußen war ganz schön viel Nebel. 20 Meter entfernt war eine BAR, in der sich einige von uns ein Frühstück genehmigten. Ich gehörte auch dazu.
Die erste Stunde ging es nur bergauf. Lang gezogene, ganz lang gezogene Wege, die teilweise durch Mischwälder eingegrenzt waren. Wieder sahen diese Wälder gespenstisch aus, aber heute überkam mich dieses gruselige Gefühl nicht.

Nachdem ich fast drei Stunden durch diese Wälder gegangen bin, erreichte ich eine BAR. Wieder wollte ich Tostatos mit Marmelade essen, aber Marmelade hatte der Senior nicht mehr! Nur mit Butter schmeckte es aber auch gut. Ich hatte einen knurrenden Magen und in der Not frisst der T… An diesem Treffpunkt waren verhältnismäßig viele Pilger anzutreffen.
Unter Anderem auch die ältere Deutsche, die mit der Koreanerin mit den kaputten Knien, streckenweise ging. Sie erzählte mir, dass schon einige dem armen Mädchen geholfen haben. So hat ihr beispielsweise eine Physiotherapeutin mit einer Fußmassage den Schmerz gelindert. Eine andere Frau gab ihr eine Schmerztablette, ein Guru praktizierte das Handauflegen und sie selber hatte ihr angeboten, einen Teil des Gepäcks in ihren eigenen

Rucksack zu nehmen. Da kam die Kleine auch schon angehumpelt.

Kurz entschlossen habe ich meine Kniebandage mit Klettverschluss abgewickelt und der Kleinen gegeben. Ehe sie es ablehnen konnte, war ich schon wieder unterwegs.

Nach weiteren zwei Stunden durch die zwar wunderschöne Landschaft, aber ziemlichem bergab, schmerzte nun mein Knie! Mir fiel die Binde ein, die ich noch im Rucksack hatte. Vielleicht bringt eine leichte Bandage etwas Linderung für mein schmerzendes Knie. So hatte ich gerade meinen Rucksack abgesetzt und wollte die Binde suchen, da kam die ältere Deutsche auf mich zu und bot mir ihre Kniebandage, die sie absolut nicht benötigte, an. Für unsere Koreanerin war diese Bandage ohne Klettverschluss zu groß, da sie ziemlich dünne Beinchen hatte. Was für ein Glück für mich! Diese Bandage passte viel besser als meine eigene.

Ein anderer Pilger auf dem Weg, erzählte mir von einem Mann, der bereits ganze 750 Kilometer zurückgelegt hatte, dass jener sich beim bergab gehen das Knie verdrehte und aufgeben musste. Nach geschafften 750 Kilometern!

Mann, war das vielleicht bitter!

Nach den 20 gelaufenen Kilometern bin ich eigentlich mehr durch Zufall zu meiner Zielherberge gelangt. Es war eine Privatherberge mit frisch bezogenen Betten! Von außen sah man dieser Herberge die liebe- und geschmackvolle Modernisierung nicht an. Mein Einzelbett stand in einer Nische mit sinnvoll angeordneten Ablagen. Die sanitären Anlagen entsprachen einem fünf Sterne Hotel. Es hatte aber auch seinen Preis! Nach dem Du-

schen, Füße und Wäsche waschen bin ich dann für ein
Stündchen ins Bettchen gekrochen. Heute musste ich
nicht in den Schlafsack!
Die Seniora, um die 40 Jahre alt, scheint Musikerin zu
sein. Im Wohnzimmer, welches auch für uns zugänglich
war, befand sich nämlich sowohl ein Klavier als auch ein
Sideboard mit Mikrophon. Die Bilder an der Wand zeigten die Seniora in einer Tracht auf einer großen Bühne.

Heute tun meine Fersen sehr weh. In den privaten Herbergen findet sich oftmals am frühen Abend eine Frau
ein, die sich um die Zubereitung des Abendessens küm-
mert. In dieser Herberge gab ein Essen nach Karte. Die
Preise waren aber auch fast wie in einem Restaurant!

Abends traf noch ein älteres Ehepaar aus Mexiko ein. Die
beiden gehen so nett miteinander um, dass man fast nei-
disch werden kann. Wir haben gemeinsam gegessen, uns
auf Englisch unterhalten und ein Gläschen Rotwein getrunken. Um 8.30 Uhr bin ich dann ins Bettchen gegangen, ohne Schlafsack!

20. TAG (20 km)

VON SANTA IRENE NACH GOZO

Geschlafen habe ich ganz gut. Gegen 7.00 Uhr bin ich aufgestanden und habe mit dem Ehepaar aus Mexiko gefrühstückt.
Beide habe ich einfach nach ihrem Alter gefragt. Er ist 66 Jahre und sie 65 Jahre alt.
Er hat ihr dann ihre Tabletten gegeben und ist sehr fürsorglich mit ihr umgegangen. So etwas fasziniert mich immer. Ich habe in den letzten Jahrzehnten noch nie einen Mann gehabt, der mir Tee kochte und das Kissen zu Recht rückte. Wirklich nicht. Die Hoffnung gebe ich aber nicht auf, irgendwann taucht ER aus dem Nichts auf und kocht uns Tee…Nun musste ich aber erst einmal den Frühstückspreis verdauen. Ganze 5 Euro! Man kann ja auch vorher fragen, Frau Zucker!

Meine Stimmung war heute gar nicht so gut. Das Wetter war ein wenig bedeckt, aber sehr lauffreundlich. Am Vormittag ging es etwa zwei Stunden lang gerade Waldwege entlang, die an diesen wunderbar riechenden Eukalyptusbäumen vorbeiführten.
Die weitere Etappe entsprach aber so gar nicht den Höhenangaben im Reiseführer! Einige Steigungen hatten es schon in sich! Parallel zur Fernverkehrsstraße ging es einige Kilometer entlang, die Flugzeuge könnte man auch abheben sehen. Ich habe mir dann vorgenommen, wenn ich dann in einer dieser Maschine sitze, werde ich an die Wanderer da unten denken.
Nach 10 Kilometern war die im Reiseführer ausgewiesene BAR erreicht, aber sie war geschlossen! So musste ich dann hungrig drei weitere Kilometer bis zur nächsten

BAR zurücklegen. In einem Hotel habe ich dann das ersehnte Baguette mit Käse und Schinken und zwei Tassen Kaffee bestellt. Diese halbe Stunde Rast tat mir sehr gut.

Der Abschnitt am Nachmittag war wieder sehr beschwerlich. Ganz viele lange Steigungen waren zu bewältigen. Mittlerweile tat mein gesundes Knie auch schon weh.
Heilfroh und erleichtert war ich, als die außergewöhnlich große Herberge in Sicht kam. Geschafft, 20 Kilometer! Ich glaube die Herberge verfügt über 500 Schlafplätze. Der Senior sprach in einem perfekten Deutsch. Es stellte sich heraus, dass er vier Sprachen beherrschte. Er ist ein ehemaliger Mitarbeiter der UNESCO. Wir haben uns ziemlich lange unterhalten. Er meinte, dass man durch den Camino zu seinen ursprünglichen Instinkten zurückfindet, Natur, Mensch. Die uns eigentlich angeborenen Schutzfunktionen werden wieder aktiviert. Ja, genau diese Instinkte sind es, die wieder in uns geweckt werden.

Er bedauerte aber auch gleichzeitig den touristischen Trend einiger Pilger, die einfach nur Kilometer laufen wollten und weder nach links noch nach rechts schauten, sehr.

Die beiden älteren Pilgerer aus Mexiko treffe ich hier auch wieder. Ich glaube verstanden zu haben, dass die Frau ein Stück des Weges mit dem Taxi gefahren ist. Sie machte ohnehin den Anschein, als wenn sie Alkohol getrunken hätte, was sie aber definitiv nicht hat. Meine Vermutung ist, dass sie einen Schlaganfall hatte. Jedenfalls spricht und bewegt sie sich so. Sie haben vier erwachsene Kinder, ein Haus mit einem großen Garten und einen Teich.

Die Großherberge besteht aus vielen barackenähnlichen Gebäuden. In jeder dieser Baracken befinden sich Schlafräume mit acht Betten, eine Küche, drei Duschen und drei WC. Die Nass- und WC- Räume sind getrennt für Männer und Frauen. Nachmittags habe ich die Waschmaschine einschließlich Trockner genutzt.

Beim Kaffee und Kuchen im Restaurant, das sich innerhalb der gesamten Anlage befand, hatte ich ein Gespräch mit zwei Deutschen. Die Beiden sind täglich an die 40 Kilometer gelaufen! Sie haben oftmals nicht einmal in Herbergen genächtigt, sondern irgendwo im Schuppen bzw. im Zelt geschlafen. Bis zum späten Abend sind sie oftmals gelaufen! Nach 22.00 Uhr schließen ja nun einmal die Herbergen. Ernährt haben sie sich vorwiegend nur von Wasser, Brot und Eiern.

Ich habe zusammen mit einer Dänin, drei Spanierinnen, zwei Französinnen und einer Deutschen geschlafen. Eine junge Spanierin, der wohl kalt war, hatte das Fenster geschlossen und es war nun sehr warm in dem Raum. Die meisten von uns wälzten sich über einen langen Zeitraum. Normalerweise kann ich nur bei offenem Fenster schlafen. Durch die Erschöpfung nach den 20 Kilometern, kam dann doch der ersehnte Schlaf. In unserem Raum gab es erstmals **KEINE** Kopfkissen!

21. TAG (5 km)

VON GOZO NACH SANTIAGO DE COM-
POSTELLA

DER LETZTE WEG!

Heute habe ich gegen 8.00 Uhr gemeinsam mit vier anderen Deutschen gefrühstückt. Es hatte bei uns allen den Anschein, irgendetwas herauszögern zu wollen. Irgendwie war heute alles so anders.

Die noch verbleibenden fünf Kilometer führten eigentlich durch die Vorstadt. Die Pfeile waren anfangs gut sichtbar, aber in der Nähe, etwa 10 Minuten Fußweg vor der Kathedrale, waren keine Pfeile. Durch die sehr schmalen und hohen Gassen der Altstadt konnte man die Kathedrale nicht sehen. Vielleicht sollte gerade auch DAS wieder so sein. Jeder findet den Weg und das zu erreichende Ziel, alleine.

Endlich. Durch ein unscheinbar erscheinendes Tor gehend, befand ich mich plötzlich auf dem großen Platz vor der Kathedrale! Mir blieb der Mund offen stehen! Mein Gott war die Kathedrale gewaltig und schön!!
Ich glaube, für etwa 15 Minuten ohne Gedanken gewesen zu sein, es war alles kaum zu begreifen. Über die vielen Treppenstufen, ganz langsam gehend, mit einem unbeschreiblich glücklichen Gefühl, gelangte ich in die Kathedrale. Ein Herr aus einer Reisegruppe bat mich um ein Foto, ich war ja ein „echter" Pilger.

Die Empfindungen innerhalb der Kirche kann ich einfach nicht wiedergeben! Hinter dem Altar mit dem heiligen Jakob befanden sich Stufen, die man hochgehen musste, um die Statur zu umarmen und zu küssen, denn damit war nämlich der Pilgerweg offiziell beendet. Ich tat es! Danach bin ich dann noch zweimal mit meinem Rucksack durch die gesamte Kirche gegangen. In einem Seitenschiff befand sich der so genannte „Schweigeraum". Wieder mit Rucksack habe ich mich dort fast eine Stunde aufgehalten. Mein Blick fiel sofort auf eine Apostelstatue auf der rechten Seite. Diese hatte ein geöffnetes Buch in der einen Hand und in der anderen Hand hielt sie einen Stift und schrieb in einem Buch. Okay, wenn das kein Zeichen ist!

Wieder auf dem Platz vor der Kathedrale angelangt, traf ich als erstes auf eine mir bekannte Frau. Meine Gedanken waren aber so durcheinander, dass ich sie für Ursula hielt, wir umarmten uns und bei mir liefen die Tränen.
Etwas später bemerkte ich aber auch meinen Irrtum und wusste, dass es Astrid war. Aber egal, meine Freude war dadurch nicht weniger ehrlich.
Tatsächlich traf ich dann auf noch weitere Pilger, die mir in den letzten drei Wochen über den Weg gelaufen sind. Um 12.00 Uhr mittags fand der Gottesdienst für die angekommenen Pilger statt. Eine Nonne sang, so dass das Blut in meinen Adern still zu stehen schien!
Erstaunt war ich auch über die vielen Menschen, die mit Beten und Singen ihren Glauben bekundeten. Irgendwie war es für mich fremd und doch ging es mir sehr Nahe.
Die letzte Nacht in Santiago de Compostella verbrachte ich als Touristin in einem Hotel.

Am nächsten Tag ging mein Flieger erst am späten Nachmittag. So habe ich die verbleibende Zeit für eine Besichtigung der Stadt genutzt. Die Pilgermesse besuchte ich noch einmal.

Die Emotionswellen schlugen schon nicht mehr ganz so hoch, so dass ich den Gottesdienst viel bewusster aufnehmen konnte. Einen Teil dieser Messe habe ich auf Band aufgenommen, weil ich ein Stück dieser Stimmung mit nach Hause nehmen wollte.

Im Flieger sitzend, habe ich tatsächlich an Pilger, die da unten auf dieser Erde gehen, gedacht.

In Berlin angekommen, bin ich mit ganz viel Herzlichkeit von allen aus der Familie mit den Worten:

„Jetzt bist du nicht mehr wech!" begrüßt worden.

Die Erde hat mich wieder!

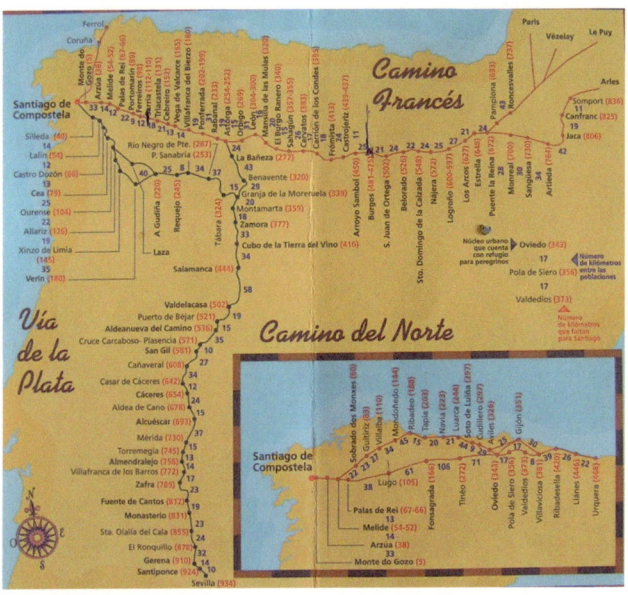

Karte vom Jakobsweg

Mein Pilgerausweis